十戒

シナイ契約・律法と山上の説教

南野浩則［著］

いのちのことば社

※引用した聖書のことばは著者の私訳による

はじめに

本書で取り上げようとしている十戒は非常に興味深いテーマで、数多くのキリスト者を魅了し続けています。数々の十戒に関する解説書や注解書が発行されていますし、良書も少なくありません。ただ、その大半が十戒をそれ自身として取り上げている点に注意しておきたいと思います。多くの場合、十戒は旧約律法の代表格として認められてきており、キリスト教倫理に結びつくものとして扱われています。確かに十戒の内容はキリスト教の考え方や倫理観にも通じるものであり、キリスト教の基礎の一部を担ってきた歴史的・神学的な経緯もあります。しかし、旧約テクストという観点から十戒を見ていくと、十戒はそれ独自で成立していないことが解ります。出エジプト記後半から始まるシナイ契約の記述の一部として十戒は記されています。十戒の聖書テクストを解釈する上で、この事実を軽視してはなりません。多くの十戒に関する解説書はこのシナイ契約から始めることをせず、十戒の倫理的意義を直接的にキリスト教理解と結びつけています。本書では、出エジプト記から始まりレビ記、民数記にいたるシナイ契約の記述をまず重要なコンテクスト（文脈）として位置づけるところから始めます。また、十戒は申命記にも記されていますが、申命記の語りはシナイ契約の再確認であり、語りとしての舞台は違ってはいても、申命記もシナイ契約の文脈の一部として理解しておきます。本書の基本的な方針として、以上のような考え方を基盤に、シナイ契約の意義を浮かび上がらせることで、十戒や旧約律法の意味を考えていくことにします。

旧約聖書と新約聖書

キリスト教会は旧約聖書を自らの正典と位置づけ、「神のことば」として告白してきました。そこには歴史的・神学的な理由がいくつもあります。現実には、キリスト者にとって旧約聖書は難しい書物という印象を持つ方が多いかもしれません。それは内容のことだけではなく、その扱いにあると言えるでしょう。新約聖書はキリストを明確に啓示していますが、同じキリスト教の正典である旧約聖書はナザレのイエスの名さえも予告として記してはいません（イエスのヘブライ名ヨシュアあるいはホセアは旧約聖書に登場しますが、ナザレのイエスとは別の人物たちです）。歴史的にも旧約聖書は古代イスラエルのことをおもに記しており、（神学的な議論を横に措きますが）私たちが属しているキリスト教会のこともテクストの表現として述べられることはありません。実際、旧約聖書は新約聖書の三倍の分量がありながらも、礼拝の説教で新約聖書の三倍にわたって語られることはないでしょう。むしろ新約聖書よりも少なく語られているにすぎないのが現実です。

このような旧約聖書の扱いの原因の一つとして、律法の課題があります。聖書読者である多くのキリスト者にとって、旧約聖書は律法で人間を縛っており、新約聖書の福音はその律法から人間を解放してくれるものとして理解されています。実際、パウロ書簡を読んでいくと、律法vs福音との構図を描き出せるように映るかもしれません。ガラテヤ人への手紙では、ガラテヤ諸教会のキリスト者たちに割礼をはじめとする律法の実行を迫ってくる教会の指導者たちをパウロは敵対視しています。そのような指導者に屈していくガラテヤ諸教会のキリスト者たちにパウロは失望の念を示すとともに、律法の縛りから再び解き放たれることを期待しているように読めるでしょう。パウロ書簡に限らず、福音書においても律法の扱いが消極的に思える記述も見当たります。イエスは安息日規定の解釈で、伝統的な律法学者たちの見解と衝突します。律法学者は安息日を厳密に遵守するように求めますが、イエスはそれに反するような言動をしているように見えます。安息日に病人を癒やす行為を律法学者たちは受け入れませんが、イエスは治癒のわざを安息日に行い、律法学者の理屈に反論して打ち負かしてしまいます。新約時代の開始とともに、律法そのものの終焉を読み取る聖書読者は少なくないでしょう。

その一方で、律法をキリスト教会として前向きに読まなければならない理由があります。その第一は、旧約聖書が正典であることです。キリスト教会は新約聖書とともに旧約聖書を「神のことば」として告白して、自らの正典文書として認めてきました。「神のことば」という地位に関して、新約聖書も旧約聖書も同じ立場が与えられてきたのであり、旧約聖書を切り捨てることなど許されることではありません。その旧約聖書には律法が記されています。つまり、律法も神の啓示として「神のことば」であり、教会やキリスト者の信仰の権威となっているはずです。律法vs福音という構図を読み取っている現実にもかかわらず、律法は無視できないのです。むしろ、見方を変えれば、旧約聖書へのこだわりがあるからこそ、律法vs福音という構図を描くことで、新約聖書と旧約聖書の関係性を維持していると言えるでしょう。キリスト教会が律法を認める第二の理由は、新約聖書自体が律法を受け入れている事実です。例えば、マタイ福音書の主張を見れば、ナザレのイエスは律法を破棄するために到来したのではなく、実現するために来たと言っています。その意義についてはいずれ詳細に検討するつもりですが、福音書も律法を積極的に評価しているのです。また書簡類に記されている多くの倫理的勧告は旧約律法を基にしていると考えられます。初代教会がユダヤ教の伝統を踏襲しているからです。

このように、律法に対するキリスト教会の姿勢は単純なものではありません。ただ、律法の位置を中途半端にしておくこともできません。教会は実際に旧約聖書を読む中で律法を解釈し、その解釈は教会の現場に深く現実的な影響を与えていきます。そこで、律法と教会との緊張関係を解きほぐすためにさまざまな考え方が提案されてきました。簡単に二つの立場を見てみましょう。まずは、少数派とは言え、律法の効力は新約時代には及ばないと割り切ってしまう立場があります。メシアとしてのイエスの到来は救済史的に決定的な画期であり、それゆえに旧い律法はその役割を終えて、新約の福音のみが新たな救済の原理として認められる時代になったというのです。このような考え方は、旧約聖書と新約聖書との「非連続性」を強調します。したがって、律法の内容は教会時代に共有できる倫理的な意義を残すとは言え、そこに神学的な意義を積極的に見出すことはできなくなります。次に、神の救済のあり方を旧約時代と新約時代にわたる一貫した救済史として捉え、それゆえに律法が現代でも有効であるという考え方。これは救済史における旧約と新約との「連続性」を強調する立場に由来しています。変わらない神は救済の計画をもその歴史において変えない、したがって救済の原理を旧約と新約に共通して見出すべきことになります。教会が形として現れた時代にあって、旧約として与えられた律法に対する理解の仕方は変化せねばならないでしょう。律法を文字通りに遵守することは、メシア到来の時代にとっては錯誤になってしまいます。しかし、神の意志の表現としての律法の本質は変わらずに、目に見えなくともキリスト教会を支配していることになります。

旧約と新約との関係について、ある面から見れば「非連続性」を認めることができます。古代イスラエルの状況と初代教会との状況は明らかに違いますし、キリスト教会は旧い約束を乗り越えようとしてきた姿勢が強くあるからです。一方で、両者の関係は「連続性」に基づいていると言えます。キリスト教会は旧約の伝統に立ったユダヤ教から派生し、メシア理解をはじめとする多くの神学理解は旧約聖書なしではまったく意味がありません。「非連続性」と「連続性」を同時に抱えなければならない理由は、これまで見てきた通り、聖書そのものにあります。律法の見方についても、この「非連続性」と「連続性」の矛盾をそのまま受け継いでいます。旧約と新約の「非連続性」に焦点を合わせて救済史を考えるにしても、やはりどこかで「連続性」の意義を認めなければなりません。律法の効力を新約時代から排除しても、教会が旧約を正典とする限り、律法は教会にとって神の意志であり続けます。逆に、旧約と新約の「連続性」に重きを置く立場でも、キリストの到来という決定的な出来事を認めることにおいて、両者が互いに違う性格を有していること、新約が律法を再解釈して乗り越えようとしていること、この現実から逃れることはできません。結局は、旧約と新約との関係を考える上で、「非連続性」と「連続性」という二つの軸の間のどこかに立たなければならないのです。教会が教会である限り、その両極の軸そのものの上に誰も立つことはできません。「非連続性」に近い考えがあるにしても、「連続性」に寄った立場を採用するにしても、それぞれが自らの立場に意味づけをしながら、旧約と新約との関係を定義していくことになります。

本書においても、その作業は変わりません。旧約と新約の「非連続性」と「連続性」とを同時に認めながら、各々の性格を理解し直す中で律法を捉えていかねばならないのです。旧約聖書が書かれた古代イスラエルと新約聖書が記された一世紀の東地中海世界とは、その政治的・経済的・社会的・宗教的・言語的状況が大きく違います。前者は中東地域の専制君主的な政治状況にあり、古代オリエントの文化的な世界観に生きていました。後者はローマの帝国主義的な政策と商業資本による支配を受け、文化的にはギリシア・ローマ文化がこの地域を覆っていました。両者を混同して同じレベルで扱うことはできません。本書では、旧約と新約の「非連続性」をおもに、神学的な救済史の見方ではなく、社会的な違いから定義していくことにします。一方で、キリスト教会はユダヤ教から派生し、新約聖書は旧約聖書がなければ成立しませんでした。この事実に両者の「連続性」を考える基本があります。本書では「連続性」を、この新約への旧約の継承を見ていることはもちろんですが、両者の価値観の共有にも注目します。

神ヤハウェは、特定の民族である古代イスラエルの民に、特定の時期に、特定の場所で契約を結び、それにともなって特定の律法を与えました。この契約締結と律法授与は繰り返して行われたのではなく、ただ一回きりのことでした。確かに、古代イスラエルはいくつかの契約を神ヤハウェと結んでいることを旧約聖書は記録していますが、個々の契約が結ばれた事実自体は繰り返されることはありません。本書で扱おうとしているシナイ契約の締結は歴史的にただ一回のこととして述べられています。ましてや、神はイスラエルと同じ契約を新約聖書の教会と結びませんし、同じような形式で律法を与えてもいません。契約や律法に関して、旧約聖書と新約聖書とではその間に「非連続性」があります。同時に、時間が経過して社会的・宗教的な状況が変化しても、契約や律法自体はイスラエル社会だけでなく教会においても課題となり、さまざまな議論を生み出しました。その議論においては、旧約聖書に述べられた契約や律法のオリジナルな意義を見なくてはなりません。そのような意味で、契約にも律法にも「連続性」を認めるべきなのです。

この旧約聖書から来る「非連続性」と「連続性」の二重の関連性は、もちろん現在の教会にも直接に関わります。その内容は、旧約と新約との関係の延長上にあります。「非連続性」について言えば、教会は各々の時代と場所において旧約聖書から独立しているのであり、古代イスラエルから直接的な関わりを持つ教会は存在していません。「連続性」について言えば、教会は旧約聖書を正典として認め、信仰と行動の源泉として読み続けています。

本書の流れ

十戒は出エジプト記と申命記に登場し、モーセ五書（創世記、出エジプト記、レビ記、民数記、申命記）と一般的に呼ばれている聖書箇所の一部として記されています（モーセの著作性の議論はここでは行わないでおきましょう）。ヘブライ語の旧約聖書は、三つの区分に分けられています。トーラー（律法の書）、ネービーム（預言者の書）、ケシビーム（諸文書）ですが、そのトーラーはモーセ五書と同じ文書群を指しています。したがって十戒はトーラーに属していることになります。十戒がトーラーの文書であるという事実から本書は始めていきます。トーラーは旧約聖書の冒頭に置かれ、旧約聖書がその全体としてたどる「大きな物語」、つまり古代イスラエルの歴史物語を構成しています。トーラーは旧約聖書の「大きな物語」のコンテクスト（文脈）から理解されます。そのトーラーは古代イスラエル（民族）という共同体が著し、編纂し、保存してきた事実を踏まえて、イスラエルの共同体性の自己理解を描き出しています。

本書は、十戒がシナイ契約の文学的・神学的なコンテクストの中で書かれていることを重視します。十戒はそのコンテクストを離れて意味を構成するわけではありません。そこで、シナイ契約とは何なのか、旧約聖書全体に対してシナイ契約の記述や内容がどのように貢献しているのか、そのようなことを検討するつもりです。旧約聖書にはいくつかの契約が述べられており、神学的にも文学的にも重要な概念になっていますが、その旧約聖書が示す契約の意味を考えます。十戒などの律法を示しているシナイ契約は数ある契約の一つとして記されているだけでなく、他の諸契約と比較しても旧約聖書への影響力は群を抜いています。本書では特に出エジプト記のコンテクストを考慮しつつ、シナイ契約の聖書神学的な意味を探ります。併せて、シナイ契約と律法との関係も考えます。この関係の理解は十戒の学びにとって非常に重要です。

次に、十戒そのものを考えていくことにします。第一に、十戒の律法としての性格を見たいと思います。律法は神ヤハウェから与えられた規則として描かれており、宗教的な戒律として理解されがちです。確かに、律法には宗教的な事柄に関して多くの指示を述べています（神ヤハウェのみを礼拝することの命令、幕屋の構造や祭司の服装の規定など）。ですから、律法には宗教としての規範的な意義が含まれていて、その機能についても検討せねばなりません。同時に、律法が古代イスラエルの社会的な事柄について扱っていることを指摘しておきたく思います。むしろ、律法の大半は社会秩序の維持や共同体内の平和のために定められています。それは、現在のことばを使えば、古代イスラエルの民に対する福祉的な政策ということになります。そして、この福祉的な方向性とは違った意義（社会秩序の維持）も考えていくつもりです。第二に、十戒の各規定の内容について検討していきます。十の規定があるとされていますが、その分け方は改革派の伝統に従いたいと思います。そちらの方が多くの読者にとってはなじみ深いと考えられます。十戒としてまとめられた一つの法令集としての性格を有しつつも、各規定はそれぞれ特徴があります。各々の独立性がどの程度のものなのか、いろいろと議論があるようです。一つのまとまりとしての意義と各規定の独自性の意義、両方の視点を入れつつ、各規定の意味を探っていくことにしたいと思います。ただ、十戒の箇所だけを検討しても聖書テクストの意味を十分に知ることはできません。適宜、必要と思われる他の聖書箇所について参照します。

最後に、この十戒に対する新約聖書の段階での解釈を見ていきます。キリスト者にとって聖書は旧約聖書だけでなく、むしろ新約聖書が十戒や律法をどのように扱っているのかが気になるでしょうし、それを考えることは神学的に実践的に重要なことだと思います。新約聖書における律法に関する議論は、イエスと律法学者との対立に見ることができます。また、パウロ書簡でも、非ユダヤ人にとっての律法の意義を取り上げながら、律法の教会への適用の仕方が重要な課題であり続けています。本書では特に、マタイ福音書のいわゆる「山上の説教」と呼ばれる聖書箇所を検討することにします。マタイ福音書五章は、直接的に律法に関わる文言がイエスの解釈として扱われています。マタイ福音書にとっての律法の意義が語られた後に、その真意を説明するために、律法の文言が例として挙げられます。その内容を検討する中で、教会にとっての十戒や律法の意義を浮かび上がらせることができるようになるでしょう。

このように、数節にわたって記されているにすぎない十戒を学ぶのですが、その聖書箇所に焦点を絞っただけで、その十戒のテクストの意味が確かな形で理解されるのではありません。少し遠回りをするように感じられる読者もおられると思いますが、遠回りをすることではじめて見えてくることが多くあります。

目次

第一章　シナイ契約

十戒を観察していくうえで、第一にシナイ契約の意義を検討しなければなりません。それは、十戒がシナイ契約の聖書テクストに記されているからです。シナイ契約の締結は出エジプト記から民数記にわたって述べられていますが、その締結にいたる経緯の物語は出エジプト記の前半部に著されています。エジプトで奴隷状態に置かれた人々（イスラエルともヘブライとも言われています）が解放され、エジプトを脱出し、モーセの指導の下でシナイ山麓まで旅を進めます。モーセの仲介によって、シナイ山においてこの人々は神ヤハウェと契約を結ぶのです（申命記ではホレブとなっていますが、本書では特に注意をしない場合は、シナイの名称で統一しておきます）。この場所にちなんで、出エジプト記前半の契約をシナイ契約と呼びます。まずは、このシナイ契約の物語を旧約聖書の文脈から理解しておきたいと思います。

A　シナイ契約をめぐる文学的コンテクスト

文学的コンテクストという表題を付けました。コンテクストは日本語で文脈と言い、文学的コンテクストとはその発話やテクスト（テクストを〝書かれたもの〟と定義しておきます）の脈絡です。意味が通じている発話やテクストにはすべて、この文学的コンテクストが存在しています。脈絡が混乱した音や文字の羅列では、発話やテクストは意味を構築することはできません。逆に言えば、語り手や書き手は自分たちが主張している事柄を効果的に伝えるために、この文学的コンテクストを整えようとします。

しかし、文学的コンテクストは一様ではありません。語りやテクストの内容、目的、形式、長さなどでいろいろと変化しますし、語り手や書き手の個性によっても違いが生まれてきます。しかも、実際に文学的コンテクストを利用するのは聞き手や読者の側です。発話やテクスト自体に文学的コンテクストが明示されていないことがありますし、詳しく説明されていない場合もあります。つまり、聞き手や読者が文学的コンテクストを自ら「発見」して理解しなくてはならないことがあります。したがって、その場合、現実の解釈における文学的コンテクストは、その発話やテクストとして表現された物語の理解にとって合理的と判断される基準に沿って解明されるのです。ここで採用される基準の違いが解釈の方向性や内容の違いに多大な影響を与えます。

本書ではシナイ契約を記している物語を理解するのに、旧約聖書が正典とされている事実を認めていきます。つまり、旧約聖書の各書（またその背後にある原資料など）は互いに独立して成立した歴史を有していますが、それにユダヤ教の正典としての位置が与えられ、互いに結び合わされています。この関係性の意義を考慮してシナイ契約を考えていくということです。もちろん、各書の独自性やテクストの自律性を無視するつもりはありません。そのあたりの正典性と独自性との兼ね合いは実際の聖書解釈の作業では微妙ですが、この微妙なニュアンス抜きには聖書解釈は不可能です。正典性による各書の結びつきとして「大きな物語 grand narrative」という捉え方があります。旧新約聖書を貫く文学的コンテクストを設定して、その前提によって各聖書テクストに意味づけをしようとします。「大きな物語」の根拠は、やはり正典性に求められるでしょう。ある基準で独立した聖書テクストが正典として認められ、その基準あるいは別の基準でテクストは互いに結び合わされて解釈されます。個別のテクストの意義だけでなく、その関係性を考慮したテクストの意義が生まれてきます。

物語について

そもそも物語とは、その舞台となる背景を説明し、登場人物が活躍する出来事を筋書きに沿って語られる（あるいは記される）内容です。物語と言いますと、おとぎ話や童話などを思い出す方も多いように思います。しかし、この世界は思った以上に物語に満ちています。小説はもちろんのこと、映像化されている作品もその大半は物語です。後に議論しますが、ドキュメンタリーの文書や映像も物語としての性格から自由ではありません。また、家族同士が自分たちに起きたことを伝え、説明するのも実は物語の一形式です。

多くの物語の目的は、その物語に記されている背景や出来事などの事実関係を伝えることではありません。むしろ、その物語を著した人々、伝えた人々、聞いたり読んだりしている人々の存在意義や価値観の正当性を訴えることに目的があります。事実関係はこの目的のために提示されているのです（あるいは、場合によれば秘匿されたりします）。まず、物語は背景説明を行います。それは、物語の時間と空間の設定を意味しています。どのような時代で、どのような場所なのか、それを特定することで、物語の舞台と枠組みを読者に知らせ、物語の理解を助けます。ときにはその時空の設定があいまいにされることがありますが（「昔々、あるところに……」）、あいまいにすることで物語の意義の「普遍性」を訴えたいという意図が表明されていると言えます。

次に、登場人物について考えましょう。「人物」といっても人間である必要はありません。ある物語では動物であったり、神や天使などの天的存在であったりします。登場人物は物語の中で、それぞれに特有の役割が与えられます。それは性格や言動として表現されます。物語の目的が登場人物の詳しい性格描写でないとすれば、登場人物はその役割に従うステレオ・タイプとして描かれます。現実の人間は複雑で、多様な性格を持っていますし、多くの社会的な役割がありますす。しかし、物語の中ではそのような複雑な意義は捨てられ、物語が最終的に語ろうとする目的に貢献する役割の側面からのみ描かれるのです。それに従い、登場人物同士の関係性も簡素に述べられることが多いようです。主人公に対して支援をする者、逆に敵対する者などが登場します。ときに役割が入れ替わるなどその関係性が複雑化するように見えても、登場人物同士の関わりすべてが描かれることはありません。

第三に、出来事について見ていきましょう。物語にはそれが扱う出来事が描かれます。聖書の物語として譬えなども含まれますが、基本的には歴史的な出来事として語られています。ただ気をつけなければならないのは、物語は歴史をそのまま描いているわけではないことです。出来事やそこに関わるさまざまな要素（他の出来事、登場人物など）が選ばれます。また、物語の目的として、出来事自体に何らかの意味づけがされます。それは、近代の歴史学が求めてきた客観的な歴史の描き方ではありません。物語はその歴史に関する描写を通じて、自らが語りたいことや伝えたいことを読者に示します。また、物語の出来事は単独で記されることはありますが、他の出来事と関連づけて描かれることもあります。ある出来事が他の出来事の原因になったり、逆に結果になったりします。大きな出来事の下で小さな出来事に言及されたりもします。物語を読むときには、このように述べられる出来事の関連性について整理しておく必要もあるでしょう。

最後に、物語は全体の構想（プロット）によってまとめられています。それは出来事を時系列に追う筋書を基本としていますが、単にそれだけではありません。これまで言及してきた背景・登場人物・出来事を動員しながら全体を構成し、さらに時間の入れ替えなど文学的な技巧を凝らして読者に物語の意味を論理的・修辞的・感情的に伝えようとします。結果的に、プロットは他の物語や記述と関係しながら、文学的コンテクストを作り上げ、物語の意味を示すのに重要な役割を果たします。

以上のような物語の性質は、旧約聖書を「大きな物語」として理解するのに基本的な考え方となります。

正典化の基準

旧約聖書はユダヤ教とキリスト教にとって正典と位置づけられています。それは、ある文書群が他の文書から分けられて、特別に扱われることを意味しています。旧約聖書の「大きな物語」は、この正典の考え方抜きではありえません。その旧約聖書の正典性の基準について、本書では以下のような前提に立とうと考えています。

旧約聖書の物語の部分を見ていきますと、さまざまな時代のことが記されていて、その内容も多様です。その内容が古代イスラエルの歴史的な出来事に由来しているとするならば、各記述の出自と伝来は相互に違うことになるはずです。ここでの記述の出自とは、聖書テクストの背景となる伝承や資料を意味します。何らかの出来事が起こり、その出来事を経験・目撃した人々がそれを語り（書き）伝える必要を感じて伝承や資料を作ります。そして、それが周辺の人々や次世代の人々の中で（今度は、その人たち自身の動機や理由で）伝播されていきます。このようにしながら、また何らかの別の理由でその伝承・資料がテクストとしてまとめられます。この出来事からテクスト作成までの過程は、各々のテクストで独自であったと考えられます。自らよりも古い伝承・資料やテクストを知っていて、その影響を受けた可能性があるにせよ、テクストの成立そのものは独立して進められたでしょう。そこでは、記された出来事に対してそれぞれのテクストがやはり独自に解釈をして、意味づけをします。このようなテクスト作成の作業は、古代イスラエルにおいてあちこちで行われたと推測されます。例えば、私たちは旧約聖書に残された預言書を読むことができますが、それ以外に多くの預言者が存在したことは旧約テクスト自体が証言しています。今では無名となったそのような預言者たちのことばがまとめられていたという可能性をまったく否定できません。また、「ヤハウェの戦いの書」や「王たちの業績の書」といった文書も存在していることがやはり旧約聖書には述べられています。つまり、旧約聖書以外の諸文書が古代イスラエルには作成され、それを生み出したさまざまな共同体が存在したことが考えられるのです。各共同体が同じ考え方を持っていたとは思われません。預言者同士の考えの違いは、これも旧約テクストが語るところです。古代イスラエルは思想的に一枚岩ではなかったと判断して良いのです。

そのような多様な考え方を反映している諸文書からある特定の文書群を選び出して、正典とする発想が古代イスラエルには与えられました。なぜこのような発想が生まれたのか、それは明確ではありません。旧約テクストを読む限り、その内容として族長時代、古代イスラエル共同体の成立時代、王朝の発生・進展・終焉の各時代を描きつつも、王朝時代の終了までにはまったく文書の正典化の発想を見つけることはできないのです。この王朝時代にも諸文書が作成される過程は存在したはずですが、正典化するような作業はなかったと言っても良いでしょう。本書では、バビロン捕囚以降に正典化が開始されたと考えておきます。

神ヤハウェによって選ばれた民という自意識は、何らかの形で古代イスラエル共同体にすでにあったと思われます。例えば、ナタン預言を通して語られているダビデ王朝への祝福〈サムエル記下〈第二〉七章〉の影響が実際にどのようにあったのか、それを評価するのは容易ではないにせよ、少なくともこの預言のことばが記された時点では、選民としての自意識が反映されています。しかし、現実にはイスラエル王朝はアッシリアによって滅ぼされ、ダビデ王朝もバビロンによって命脈を断たれてしまいました。当時の考え方としては、民族同士の戦いはそれぞれが礼拝している神（あるいは神々）同士の戦いであり、勝利した民族の神（神々）は敗れた民族の神（神々）に優っていることを意味しました。つまり、神ヤハウェはアッシリアやバビロンの神々に劣り、その祝福の約束を果たす能力のない神とみなされることになります。しかし、古代イスラエルの民から見切りをつけられる運命にあったのです。しかし、古代イスラエルはそのようには考えませんでした。むしろ、滅亡の理由を自らの行動に求め、その行動に対する神ヤハウェの裁きとして理解したのです。その行動とは、神ヤハウェだけでなく他の神々を礼拝し、その価値観を導入して生きたことであり、それにともない神ヤハウェの示す正義に生きなかったこと、でした。

そのような理解は次にどのような生き方となるでしょうか。イスラエル共同体の再建の可能性が出てきた時点で（ペルシア王キュロスの勅令）、神ヤハウェの裁きを二度と経験しないために、神ヤハウェだけを礼拝し、神ヤハウェが示す価値観によって生きること、そしてそこから逸脱しないこと、そのような発想となります。王朝時代において神ヤハウェへの礼拝は忠実に行われていましたが、同時に他の神々への礼拝も行われ、それが一般的な考え方であったと思われます。しかし、新しい時代にはこのような混合宗教的で寛容な態度は糾弾されるべきでした。また日常の生活も神ヤハウェの意志に従うべく求められました。その社会的な行動基準として律法が位置づけられたのです。神ヤハウェのみ、律法の遵守、いずれも私たちがこれから見ていこうとするシナイ契約に深く関わる事柄です。捕囚後に始まった新しいイスラエル共同体の建設は、このようなビジョンに基づいていたと本書では判断します。そのビジョンは第二神殿システムの構築やシナゴーグの建設によって見える形で具体的になっていきますが、そのビジョンの内容や方向性自体を明確にするために、その流れに適合する文書群を生み出し、収集し、編纂し、正典化して旧約テクストが成立したと考えておきます。つまり、古代イスラエルにはさまざまな考え方の文書が存在したと推測しましたが、その中から神ヤハウェのみという考えに沿って物語が編まれ、そのような考え方が含まれている文書群が収集されたと思われます。逆に、そのような考え方に沿わない文書は無視され、場合によれば意図的に破棄されたと考えられます。もちろん、正典化の要素は他にもあるので、このような考えだけで正典化の作業が行われたわけではないでしょう。特にユダヤ教が草創期から確立期に入る第二神殿興隆期からエルサレム滅亡前後では、いろいろな要素が入って来たと思われます。しかし、正典化を促した基本的な考えとして、新しいイスラエル共同体へのビジョンの提示ということは重要な要素であったとすることができます。

「大きな物語」のシナリオ

正典化された旧約テクストは、新たな意味を持ち始めます。各テクストは元々は互いの関連性を意識して記されたものではなかったはずです。しかし、正典化されて編纂されたテクストを読む者にとっては、一つのまとめられた互いに関連のある文書群として立ち現れてきます。旧約聖書の場合、物語の部分は古代イスラエルの歴史の描写で、時間的な関連づけとして表現されています。この構成が旧約聖書の物語を「大きな物語」として理解する見方へと導くのです。

ただし、「大きな物語」は歴史として描かれることが一般的ですが、それが近代の歴史学が定義する「史実」でないことも事実です。「大きな物語」の目的は、その歴史を正確に伝えることではありません。その歴史を通じて、その歴史を持つ共同体の生存理由、存在意義、正統性を語ることにあります。これは古代イスラエルの「大きな物語」においても例外ではないのです。したがって、旧約テクストの解釈者に最終的に求められているのは、史実の正確な再現ではなく、「大きな物語」を作りだしたイデオロギー（神学）の理解です。

旧約テクストは古代イスラエルの正統性を神ヤハウェによる救済という観点から語ります。すなわち、イスラエルの神であるヤハウェが歴史の中でどのようにイスラエルを救済し、ヤハウェの民であるイスラエルがどのようにその救済に応答したのか（あるいは応答しなかったのか）、それを物語として歴史を舞台に描くことで、イスラエル共同体の正統性を内外に論証し、新たな共同体作りのイデオロギー的指針を定めるのです。これはイスラエル救済という神学的主題を核とした「大きな物語」として理解されます。

この「大きな物語」は、現在の形で残された旧約テクストの記述に従えば、この世界と人類の創生（創造）、族長の選び（氏族社会）、ヤハウェ共同体の形成（ヤハウェ連合体）、完成（王朝樹立と民族意識）、崩壊（バビロン捕囚）、再生（ペルシア帝国下における共同体再興）という時間的な流れになっています。また、各時代におけるヤハウェの働きは、形を変えて啓示されて意味づけられています。この流れを救済神学の観点から捉え直していくと、神の創造の完全性、神に対する人間の反逆と悪、神の救済の行動、その救済の完全性への約束、というシナリオを描くことができます（新約テクストを救済の「大きな物語」に加えれば、「救済の完成への約束」に代わって、メシアの到来と再到来によって「救済の完全性」そのものが描かれることになりますが）。この基本にあるのは、最初に位置づけられている神の創造の完全性です。つまり、最初に神は最も良いものをこの世界に据え、それがこの世界のあるべき姿と理解されます。しかし、それを人間は否定して崩壊させたのです。それは、あるべき姿から逸脱した状態として理解されます。そこで、なぜ完全な状態が崩壊したのか、つまりどうして悪や罪が完全性に突入したのか、といったことが問題となります。しかし、旧約テクストの語りはそのような問題の議論は横に措いて、完全性の崩壊から再び完全性を回復しようと神が試みたことに言及していきます。それが神の救済の行動です。キリスト教会にとっては、それは単に古代イスラエル共同体の再生ではなく、この世界が神の意志に適って回復されることを意味しています。旧約テクストとしては、神の創造という世界大の計画は、イスラエルという一民族の救済へと一度は焦点が絞られ、その後に（メシアの到来とともに）世界大の宣教へと拡大していくということになるでしょう。いずれにせよ、完全↓逸脱↓救済↓回復（完成）というシナリオが描かれます。このシナリオにおいて、本書で扱うシナイ契約や律法は、完成への回復という神の救済の計画の一部を担う役割が与えられているにすぎません。もちろん、それ自体でそのユニークな歴史的・神学的な議論はできますし、本書が目指す議論はまさにそこにあります。しかし、創造が完全性を象徴する概念として他のさまざまな救済的要素（解放、メシア論、主の日、ヤハウェのしもべなど）から区別されるのとは対照的に、シナイ契約はそのような要素と並列的に理解されます。

「大きな物語」の第二のシナリオを考えてみましょう。聖書神学的な観点から見れば、「大きな物語」における最重要の主題は救済です。旧約テクストの内容から見れば、その救済とは神ヤハウェのイスラエルに対する関わり方を意味します。この救済のモデルを出エジプト記に求めることができます。第一に、虐げられている人々の解放が挙げられます。不当に奴隷状態に置かれていたヘブライの民は肉体的・精神的に苦しみ、政治的・経済的・宗教的な自治を奪われていました。神ヤハウェは奴隷の民の味方となり、その主導権を発揮してヘブライの民をエジプトから連れ出し、抑圧から解放します。第二に、神ヤハウェの民の形成が救済モデルのもう一つの次元となっています。神ヤハウェは奴隷の民を解放して何もせずに放置したわけではありません。生きるのに困難な荒野で民が死に絶えることのないように、神ヤハウェはさまざまな働きかけをします。そこにシナイ契約が与えられます。神ヤハウェは奴隷の民と契約を結び、神の価値観に沿ってその民が生きていくべきことを示します。それは、奴隷の民が新たな環境の中で互いに助け合って生きていくためでした。

出エジプト記の救済は、①抑圧からの解放　②生存のための神の民の形成　という二つの次元を物語として記しています。エジプトから の解放は救済の開始であり、歴史的にただ一回の経験を象徴しています。エジプト脱出の経験はイスラエルの民にとっては唯一の経験であり、それ自体は二度と起こることではありませんでした。もうエジプトでファラオの下で奴隷にされることはないですし、海を渡ることは再度ありませんでした。その一方で、神の民の形成は継続していく救済の経験でした。シナイ契約は、それが結ばれて終わりではありません。神ヤハウェとイスラエル共同体との関係性は続いていきますし、それがあるべき姿として継続されることが期待されています。契約の内容を記した律法も日常の生活について記しています。継続の救済とは、神との信頼関係が維持されていくことです。

このような救済の考え方は、聖書全体においてモデルとなっていきます。古代イスラエル共同体は部族連合体あるいは王朝として独立していきますが、抑圧はつねに課題となっていました。バビロン捕囚を含めた外国からの圧迫・侵略はもちろん、共同体内部の社会的階層の分断には抑圧がつきまとっていました。内憂外患にあるイスラエルが、自らが経験する抑圧から解放され、また自分たちが他者を抑圧している状況からも解放される、そのような救済について繰り返し語られます。また同時に、イスラエル共同体内部で社会的な亀裂が起きたときに神ヤハウェの正義の遂行が訴えられます。それは、神の民の形成の観点から考えることができます。また、バビロン捕囚で一度は滅亡したイスラエル共同体が、捕囚後に再建する過程もこの継続した救済に基づいていています。象徴的に言えば、解放は新約においてただ一回経験する洗礼に、民の形成は繰り返し経験する聖餐に、それぞれなぞらえることができるでしょう。

出エジプト記の救済の記述に基づく「大きな物語」の第二のシナリオは第一のシナリオとは違い、創造を基盤に置いてはいません。むしろ、その神の民の形成について、抑圧からの解放の重要性、そしてシナイ契約の重要性がともに意識されています。この第二のシナリオに基づいて、シナイ契約の「大きな物語」における位置づけを試みたいと思いますが、その前に、創世記とエジプト脱出の物語について考えてみましょう。シナイ契約は創世記にコンテクストを与え、エジプト脱出によってコンテクストが与えられます。

第二のシナリオから見た創世記

出エジプト記を基盤とする第二のシナリオですが、旧約テクストの記述順序が創世記から始まっていることには変わりありません。むしろ、第一のシナリオの通り、創世記に物語の出発点を文学的・神学的に認める方が自然であるとも思われます。ここでは、その創世記の意義について出エジプトから見直すことを試み、旧約正典におけるその序論的な意味について考えています。それは、シナイ契約と創世記との関連を検討することでもあります。

正典としての創世記に与えられた役割として、二つのことを挙げておきたいと思います。一つは、この世界の成立（悪や罪を含めて）について説明することです。もう一つは、族長物語によって古代イスラエルの先祖について語ることです。それは、創世記のアウトラインとして一章から十一章という前半部（世界創生）と十二章以下の後半部（族長物語）とに分かれて、かなり明確に文学的な役割分担がされていると言えるでしょう。

まずは、創世記の記述の順序とは反対に、族長物語について見ていくことにします。族長物語の開始は、アブラハム（十七章まではアブラムという名前ですが、本書ではアブラハムを用います。妻サラも同様に扱います）が神ヤハウェの導きでカナンへと移住する箇所になっています。アブラハムの父テラが一家を連れてカルデアの巨大都市であるウルを離れた理由を聖書テクストは明示していません。カナンに入ってからのアブラハムの行動を考えると、経済難民であった可能性は高いと考えられます。いずれにせよ、メソポタミアの大河に沿ってその街道を北上して行きました。そして南へと方角を変えて、カナンの地へと移り住んだとあります。

族長物語において、アブラハムには二つの大きな課題があったことが記されています。まず、十一章の系図の中で、すでにアブラハムの妻サラは不妊の女性であったと記されています。これは、アブラハムには子孫を残す可能性がないことを意味しました。世代を超えた共同体に生きることを理想とした当時の人々にとっては、決定的な打撃でした。次に、アブラハムは土地を獲得したいと考えたようですが、それが実現しなかったことです。土地を獲得することは農業を始めることであり、経済的な安定にも安全保障にとっても不可欠でした。そのような生活を求めつつも、アブラハムが土地を得ることは実質的にありませんでした。しかし、この二つの解決策を神ヤハウェは十五章で提示します。アブラハムに子孫が与えられて、その子孫が増加すること。土地に関しては、アブラハム自身が獲得することはないにせよ、カナンの土地がその子孫たちに与えられること。もちろんこの提案（アブラハム契約）は、神ヤハウェとアブラムとの相互の信頼関係に基づきます。そして、実際に互い信頼し合ったことが旧約テクストには記されています。

出エジプト記における救済モデルの記述から、このアブラハム契約を見ていきたいと思います。まず、考えておくべきは、出エジプト記の救済モデルはカナンの土地で起こったことではないことです。解放の出来事はエジプトで起こりました。シナイ契約はシナイ半島の荒野での出来事です。古代イスラエルにとってアイデンティティを形成する決定的な出来事がカナンの外で起きたことになります。しかし、旧約テクストが記され編纂された時代、古代イスラエルはカナン地方を支配していました。自らが支配する地域に、そのアイデンティティの由来が認められないのです。それでは、この地域を支配する正統性が、特に古代イスラエルが支配した他民族・共同体・社会層に対して失われかねなくなります。古代イスラエルは、その出自とカナンとを結びつける物語を必要としたと思われます。族長物語はその結びつきに正統性を与えるように期待されている、そのように考えることができます。アブラハム契約（また、他の族長に対する約束）が、彼らの子孫として描かれている古代イスラエルの人々がカナン地域を支配する内容になっているのは決して偶然ではありません。族長物語は、古代イスラエルとカナン地域との間の空白を埋めているのです。

次に創造物語を考えてみましょう。まず、創世記二章以下の物語は、大きな視点からすれば、十一章まで続いていくことになります。最初に創造された人間はエデンの園に移され、そこで労働をします。そして異性（女性）が与えられます。そこに誘惑が入り、この男女は「神のようになりたい」という思いに抗しきれずに、知識を獲得して自ら世界の価値観の創始者となろうとします。しかし、自分たちで価値観を確立しようとすることは人間の本来あるべき姿ではなく、結果として神との関係を失い、人間同士のあるべき関係も失われます。そこから物語は十一章まで、家系図と出来事を交えながら、神ヤハウェを信じつつ社会的に抑圧される人々と、神ヤハウェを否定する社会的な支配者・その追随者とを対照的に描いていきます。それは古代中東の専制王朝的な社会構造を反映しつつ、被抑圧者としてのイスラエル民族のアイデンティティを語っています。ですから、前者の家系からアブラハムが登場するのです。強大な権力を持ち、経済的に豊かに繁栄しようとも、それが神ヤハウェの価値観に反して他者への抑圧と暴力の上に成立している限り（実際、そのような権力と繁栄は抑圧によってしかもたらされないのですが）、神ヤハウェはそれを受け入れようとはしません。むしろ、その抑圧と暴力に支配されて生きる人々を救済しようと神ヤハウェは動いています。創世記は悪や抑圧の現実を冷徹に見つめつつ、それでも神ヤハウェの救いの行動に期待します。

創世記冒頭には神がこの天地を創造した物語が記されています。その視点は天からのものであり、鳥瞰図的です。大水、闇、大風に象徴される混沌の世界に対して、神はことばによって秩序を与えていきます。時間的な秩序、空間的な秩序を「日」に従ってもたらし、この世界を整理していきます。それは、生命を生み出し維持するための（現在のことばを使えば）環境づくりといって良いでしょう。そして、植物、動物、人間が創造されたと記されています。こうして、創造されたものに対して「良かった」と神は評価するのです。それは、創造の目的に適っていると解釈することができます。ここで問題にしたいのは、どの神がこの世界を創造したのか、です。古代においては、この世界は何らかの神（あるいは神々）によって創造されたと信じられていました。神抜きの世界など成立しません。旧約の創造物語は、古代イスラエルを救った神がこの世界を創造した支配者であることを訴えているのです。権力を誇るエジプトやバビロンの神々ではありません。カナン周辺の神々でもありません。奴隷の民のエジプト脱出を導き、その民とシナイで契約を結んだ神ヤハウェ、イスラエルが礼拝している神ヤハウェこそがこの世界の支配者なのです。創世記冒頭の創造物語にはこのような主張を読み取ることができます。単に創造の過程を描いた物語ではありません。

神ヤハウェとの関係の中で、古代イスラエルはエジプト脱出とシナイ契約によって自らのアイデンティティを得たと考えられます。しかし、その物語だけではカナン地域の支配には十分でなく、族長物語、原初史の物語と系図、創造物語によって自らのアイデンティティを補強していったと推察することができます。そのような意味で、現在の位置に置かれた創世記は、「大きな物語」にとって序論的な役割を果たしているとも言えるでしょう。次に、出エジプト記の前半を構成するエジプト脱出の物語について考えてみます。

第二のシナリオから見たエジプト脱出物語

出エジプト記の冒頭は、創世記の最後の部分（ヤコブとヨセフの物語）と直接的につながっています。カナン地方の飢饉によってヤコブの一族はエジプトまでやって来ます。そして、カナンには戻らずにそこに住み着いてしまいます。しかも、その人口は増え、エジプトにおいて無視できない勢力になったことが記されています。そこでエジプトを飢饉から救済したヨセフのことを知らない（あるいは、その業績を無視したと言った方が正確でしょう）ファラオ（エジプト王の総称）が登場します。このファラオは、エジプト国内において人口のバランスが崩れていると考えました。そこでイスラエルの民の人口抑制を考えます。その方法のはじめは、この民を強制労働に就かせることでした。都市建設や農業の重労働に追いやり、人口抑制だけでなく、安い労働力として使用することにしたのです。ただ、奴隷が法的に認められていた古代においても、この政策は不当であったと思われます。通常、奴隷となるのは戦争に敗れた場合か、負債が返せない場合であったと考えられます。イスラエルの強制労働はいずれにも当てはまりません。この不当な強制労働・奴隷状態はエジプト脱出という神の救済（解放）の契機となっていきます。

次に、人口抑制のための直接的な政策が採用されます。生まれてきた男児を殺害することでした。まず、ヘブライの助産婦にその任を委ねますが、うまくいきません。そこで、エジプト当局による男児の殺害へとエスカレートしていきます。そのような惨劇をぬってモーセ誕生の物語が述べられていきます。出エジプト記二章の最後にイスラエルを抑圧したファラオの死が報告されますが、それにもかかわらず、民の苦しみは終わることはありませんでした。助けを求める声が神に届いたとあります。神ヤハウェは、アブラハム、イサク、ヤコブとの契約を思い起こした、と記されています。そして、神ヤハウェはイスラエルの民を顧みて、彼らのことを覚えました。契約の想起とは、創世記の族長たちの子孫が増え、カナンの地が彼らに与えられることです。エジプトにイスラエルの民が留まり続け、そこで滅びてしまえば、神ヤハウェの約束は履行されなかったことになります。それでは神ヤハウェは約束を果たさない信頼がおけない神としてそしられるか、約束を履行できない能力のない神という烙印を押されることになります。創世記からの流れから読むと、契約の想起をそのように理解できるでしょう。ただ、この想起には別の意味もあると考えられます。族長たちは、奴隷ではなかったにせよ、社会的に抑圧された立場に追いやられていました。エジプトで強制労働へと駆り出された民も同じように、抑圧を受ける人々でした。族長に対して救済・祝福を約束した神ヤハウェは、抑圧された者たちの味方となり、その救済を図ります。そのことを、契約の想起に関する短い記述は表しています。旧約テクストの筋書きとしては、族長とエジプトの奴隷の民は先祖・子孫の関係ですが、社会的な位置という観点からは、族長も奴隷たちも神ヤハウェにとっては救済されるべき人々であったのです。本書が考えている「大きな物語」の第二のシナリオに従えば、むしろ、エジプトにおける解放を支える考え方（被抑圧者をその状況から解放する）が、契約の想起を通じて族長への救済・祝福へとつながっていくと言えるでしょう。いずれにせよ、契約の想起は、神ヤハウェの性格を語っています。

神ヤハウェはモーセと出会い、召し出します。それが神ヤハウェの救済の行動の始まりでした。しかし、この行動の開始に時間がかかっている印象を受けます。それは、人間は時間に制限された存在であることを思い起こさせます。また、神ヤハウェのモーセへの自己啓示が荒野であったことも不可解に映るかもしれません。キリスト教的な神概念によれば神は普遍的であり、エジプトでモーセに自らを示しても良かったはずです。しかし、神ヤハウェは文明の中央であるエジプトではなく、周縁地域において自己啓示をしました。都市や中央は周縁地域を支配・搾取し、そこから膨大な経済的な利益を得ていました。これまで見てきた通り、神ヤハウェは被抑圧者を優先的に救う神であり、その正義を達成しようとする神です。支配されている周縁地域である荒野（その山岳）での啓示は、神ヤハウェの性格を表現していると考えられます。救済が周縁から中央へと伝わっていくのです。ここではそれが文字通りに地理的に表されています。

エジプトにおける救済の物語は平和ではなく対立です。実際の奴隷たちの生活は、すべての面で過酷というわけではなかったようです。無制限の労働は、奴隷たちの肉体・精神をむしばみ、いずれは病やケガの原因となり、死をもたらすでしょう。そうなれば労働力は失われます。ある程度の休息や生活の必要は保証されていました。実際、旧約テクストにもそれは示唆されています。奴隷には家と家庭生活があり（十二章）、食料もありました（十六章三節）。しかし、出エジプト記の記述自体はそのような事柄を無視して、奴隷の過酷な側面を強調します。それは、ヤハウェの価値観とファラオの価値観とを対立的に描き、神ヤハウェの救済に関する考え方を際立たせるためです。その対立はエスカレートし、エジプト人の初子の殺害にまでいたってしまいます。この惨劇は、エジプト人がヘブライ人に生まれた男児を殺害した事件を思い起こさせます。確かに神ヤハウェの救済は奴隷に向いています。では、ファラオやエジプト人にとって救済の余地はなかったのでしょうか。支配者にとっての救済は、奴隷を解放して抑圧を止めることでした。それは、モーセを通してファラオにいく度も警告されていることです。奴隷の解放は神ヤハウェの価値観の実現でした。神ヤハウェに従い、奴隷を解放することでその価値観の実現にファラオも参与できたはずです。それがファラオにとっての救済でした。しかし、ファラオは「神ヤハウェなど知らない」といって救済の招きを無視し、拒絶しました。

この拒絶は海を渡るという出来事へとつながります。出エジプト記十四章と十五章でこの出来事が詳しく記されています。十四章は物語形式で述べられ、神ヤハウェがイスラエルを救済したことが強調されています。イスラエルが滅ぼされる事態はこれまでは経験されていませんでしたが、今回はそれが現実となっていきました。しかし、神ヤハウェは脱出の道を備え、敵を殲滅しました。十五章は韻文形式（詩文）で記され、敵を滅ぼした神ヤハウェの力に重点が置かれた記述になっています。その力は周辺諸民族に轟き、人々を恐れさせたと述べられています。奴隷の神は力を持つ神である、このことが明確にされたのです。この海の出来事を通して、イスラエル共同体はエジプトからの影響を脱することができました。支配と抑圧からの解放、その恐れからの自由を経験したのです。

しかし、解放はそれだけでは終わりません。解放された者たちは生きていかねばなりません。支配されているとは、同時に支配者から最低限の保護を受けていること意味しました。エジプトから解放されることで、生存のための保護を失ったのです。そのような状況に対して神ヤハウェはイスラエルの民を召し出し、自らの保護に置き、新たに神の民として形成しようとします。それがシナイ契約の大切な意味づけです。救済は抑圧からの解放だけではありません。神ヤハウェの価値観に沿って生きること、その社会形成をも意味しています。

「神の支配」への参与

イスラエルの民は、神ヤハウェの主導権によってエジプトでの過酷な状況から脱することができました。出エジプト記二章の最後に記された、奴隷たちの助けを求める叫びが実現したことを意味しています。神ヤハウェが抑圧状態を拒絶し、そこで苦しむ人々を解放する神であることが物語として明確にされました。それは、「人の支配」からの解放を神ヤハウェは望んでいるということです。ここでの「人の支配」とは、ある人々が政治的・経済的・社会的・宗教的な権力を握り、他の人々を抑圧・搾取することを意味します。出エジプト記では、この「人の支配」はファラオを頂点とするエジプトの社会体制によって象徴されています。もちろん、この「人の支配」は社会秩序そのものと考えることはできません。人間は互いに助け合い、社会を作ることで支え合って生きています。そのためには社会の秩序は必要であり、それが失われると人々は混乱し、新たな別の苦難を強いられることになります。聖書自体も社会的な秩序を否定してはいません。契約は神が望む社会の秩序の形成を前提としています。あくまで「人の支配」とは、人間の尊厳が無視され、何らかの利益を得るために人間が人間を利用する状況です。ときにはその社会的な秩序が口実にされることもありますが、社会的な秩序を守ることで人間の尊厳を守りつつ、互いを尊重して助け合うことは可能ですし、またそうあるべきなのです。

「人の支配」から解放され、イスラエルの人々は自由を獲得しました。ただし、この自由は近代的な意味での自由ではありません。近代の自由は資本主義に由来し、人々が地域的な共同体の束縛や保護を離れ、その後は個人として生きていくことを良しとする価値観に基づく自由です。しかし、旧約聖書の時代をはじめとする古代において、例外を除けば、このような個人レベルでの自由は考えられていませんでした。ある共同体から離れて自由になっても、そこで生きていくためには新たな共同体に所属していく必要があります。エジプトの「人の支配」から逃げてきた奴隷の民は自由にされましたが、それでは生きてはいくことができずに、別の共同体に入れられる必要がありました。その新たな共同体を「神の支配」と呼びたいと思います。

旧約テクスト自体には「神の支配」という用語は用いられていないと思います。むしろ、イエスの宣教のことばに由来しています（マルコ一章十四〜十五節）。しかし、神ヤハウェがその共同体に自らの価値観を提示し、その民はそれに従って生きる、そのような共同体が形成されたとするならば、それは神ヤハウェが支配者であることを意味しています。まさに、そのような状態が古代イスラエルの共同体の意義です。とするならば、神ヤハウェの名による共同体を「神の支配」と名付けても不都合はないと考えます。むしろ「人の支配」と対照的に理解するためにも、「神の支配」は解りやすいことばです。

「神の支配」は、特定の社会的な枠組みのことではありません。王政が良いとか、民主主義が良いとか、そのようなことではないのです。また、あるいは特定の社会レベルの話でもありません。政治のレベルでも、地域社会のレベルでも、教会のレベルでも、家庭のレベルでも、個人的な交流のレベルでも、「神の支配」は成立します。どのような社会体制であっても、どのような社会レベルにあっても、神の価値観が実現している状態を「神の支配」と呼んでおきたいと思います。では、神の価値観とは何なのか。ここで「神の支配」について短く述べておくとすれば、「人の支配」との対照から考えることができます。「人の支配」は、人間が他者の尊厳を奪い、その他者を利用してさまざまな利益を獲得することでした。神ヤハウェはそのような「人の支配」を拒絶しました。「神の支配」は、人間の尊厳を認め、人間が互いに尊重し合って、互いに助け合いながら生き、人間が神の平和を経験していくことです。そのような基本的な見方で「神の支配」を考えておきたく思います。本書では、十戒や律法を通じてその意味を明らかにしていきます。古代イスラエルという時代性においても「神の支配」は目指されています。シナイ契約やそこに記された律法においても例外ではありません。

エジプトから逃げ出して自由を得た奴隷の民は、シナイ山で神と契約を結びます。これまでの議論を踏まえると、「人の支配」から解放された人々が「神の支配」に入れられた、と言い換えることができます。古代イスラエル共同体の人々にとってみれば、シナイ契約は「神の支配」に参与することでした。しかも、後に述べていくように、このシナイ契約は、その基本的な考え方や律法を通じて旧約聖書全体に多大な影響を与えていきますし、新約聖書にもそれが波及していきます。シナイ契約は非常に重要です。

もちろん、シナイ契約が「神の支配」という抽象的な考え方を独占的に具体化しているとは言いません。「神の支配」には特定の社会体制は意図されていませんし、シナイ契約も時代的・空間的な制約を免れてはいません。それは、他のさまざまな神ヤハウェによる救済を表現している概念（創造、メシア、ヤハウェのしもべ、主の日など）と同じです。むしろ、その時代的・空間的な限界を考慮し意識することで、「神の支配」の意義が浮かび上がってくると思います。十戒をはじめとする律法は、その「神の支配」の当時の共同体における神学的・社会的な表現です。

「神の支配」としてのシナイ契約の方向性は、内向的な傾向が強いと言えるでしょう。神ヤハウェはイスラエルをその民とし、神ヤハウェはイスラエルの神となる（出エジプト記六章七節）、この約束は、神ヤハウェと古代イスラエル共同体との契約の基本的な関係を表しています。このことばは、契約における両者の関係について語っていますし、古代イスラエルの民族あるいは共同体としての性格を的確に述べています。個人に限らず、共同体はアイデンティティを形成します。それは単に内省や排他的な考え方によって形成されるのではありません。むしろ、他者との関係によって形作られるものです。イスラエルのアイデンティティの形成は神ヤハウェという外からの要因が不可欠であり、しかもそれが共同体の形成にとって最も重要な要因でした。神ヤハウェは、イスラエルを外から助けただけではありません。外からイスラエルの共同体の核となる考え方を植え付けたのです。しかし、このシナイ契約の時点では、「神の支配」としての意義は共同体内に収まっている印象です。それは、この後に直ぐ検討するように、イスラエルという民族形成の段階にあったからでしょう。しかし、この「神の支配」は内的な意義だけには留まらず、イスラエルの枠組みを超えていく方向性を持ち始めます。創世記の記述としては、一章の創造物語において、またアブラハムの召命記事（十二章）において、イスラエル以外の人々に神の祝福が及ぶことが約束されています。預言書においても、イスラエルに敵対する周辺民族への神ヤハウェの祝福・栄光・救いのことばも記されています（イザヤ書六十六章十九節、ヨナ書など）。

「神の支配」には、外からの刺激だけではなく、外に向かって神ヤハウェの価値観の共有が含まれていきます（新約聖書ではそれがより明確に記述されていくことになります）。「神の支配」には平和の経験が不可欠ですが、平和は共同体の内的な関係だけで保たれるのではなく、外側との関わりにおいて平和は実現されます。そのような意味で、「神の支配」は共同体の内外の関係を意識した考え方であると言えます。

共同体形成としてのシナイ契約

このシナイ契約の意義を、「大きな物語」が描く古代イスラエル共同体の観点から見ていきましょう。旧約テクストは、古代イスラエルが神ヤハウェの民として形成される以前から、神ヤハウェはイスラエルの〝先祖〟と関わってきたと述べています。それは、ノアなどの原初史にも見られることですが、特に創世記の族長物語に表現されています。

アブラハムの物語は、アブラハムが経済難民としてカナン地域に移り住んだことを述べています。そこでの暮らしは、都市や農地の周辺を流浪する小家畜飼育者であったことが解ります。この社会層としての生き方は、古代イスラエルのアイデンティティを反映しています。律法を見ていくと、家畜を飼う者にとって意味のある内容が登場します（出エジプト記二十一章二十八～三十二節など）。また、このアイデンティティの反映は、アブラハムの記述を超えて、創世記のアダムの子であるアベルにまで及んでいます。小家畜飼育者である意味は、古代イスラエルにとって小さいものではありませんでした。

アブラハムは金持ちであり、奴隷もいました。また、戦争に赴いたともあります（創世記十四章）。支配者たちから経済的な祝福を得る機会もあったと創世記は証言しています。しかし、このアブラハムの豊かな経済状況は、農業や都市支配者の生活と比較すれば、やはり貧しいと言えたでしょう。農業従事者と家畜飼育者は、都市支配者から搾取を受け続けました。また、家畜飼育者は富を貯蔵していく場所がなく、財産（具体的には家畜たち）をつねに移動させねばなりませんでした（農業従事者は、多大な財産を貯蔵できました）。それでは、多くの富を保存することはできませんでした。また、荒野での生活はつねに危険と隣り合わせでした。動物やアウトローたちの襲撃に備えなければなりません。また、荒野に住む者への社会的な差別もあったと考えられています。アブラハムが生涯をかけて土地を求めたのは、このような生活からの脱却があったと推察されます。

そのようなアブラハムの荒野での生活は、その一族と奴隷とを一つの単位としていました。多くとも三十人程度であったろうと考えられているようです。ここでの人間関係は、一族の長である者が共に暮らす者たちを束ねることで維持されていました。そこで何らかの問題が起きれば、族長の判断でその問題を治めることになります。創世記に記されているように、サラの奴隷ハガルに関する問題の解決は、族長アブラハムの個人的な最終判断によっています。このような共同体はまだ民族として形成されているわけではありません。その共同体の構成メンバーは互いに個人として認識できます。もちろん、小さいとは言え、共同体の維持のために何らかのルールがそこには必要です。その家族的な共同体が礼拝している神の教えがあったでしょう。あるいは、家訓のようなものがあったかもしれません。しかし、それをより客観的に捉えて、細かく成文化する必要はなかったはずです。族長時代は指導者の直接的な支配権で共同体がまとまる段階です。しかし、シナイ契約が結ばれる段階になると、このような族長レベルでの共同体とは性質が異なってきます。共同体形成にはさまざまな社会的要素が求められます。人々のつながりを証言する物語やその意識が必要です。共通した言語、経済的なつながり、互いに共有しうる土地や財産の存在が求められます。社会的規範もその共同体形成には不可欠です。このような要素は族長レベルの共同体にも当てはまりますが、もっと構成メンバーが多くなる大きな単位の共同体になると、それら要素の明確化・客観化・共有化の必要性はより高まります。エジプトにおいて族長の〝子孫〟の増加が描かれ、その脱出時においては、人口の多さだけでなく雑多な人々が存在したこと（出エジプト記十二章三十八節）が述べられています。族長時代のような個人的な資質で共同体がまとまる段階は過ぎていました。「大きな物語」としてのシナイ契約の共同体の段階は、神の民としての〝民族〟レベルにまで達しようとしていました。

この「大きな物語」としてのシナイ契約は、民族形成の初期段階として記されています。まず、民の出自について自己証言しています（申命記二十六章）。次に、神ヤハウェが奴隷を解放したという物語が共有されています。そして、その神であるヤハウェとの関係の構築とその維持について、物語と律法によって宣言されます。このようにして民の形成の基本的な土台を作ります。物語と並んで律法が片方の中心的な役割を担います。多くの人々が集まり、これから意識の高い共同体を形成し、他民族との関係の構築を目指している段階（出エジプト記十五章）では、より「客観的」な社会的規範が存在しなければその共同体は混乱することになるでしょう。ですから、律法の内容は、宗教的な指示（幕屋に関する規則など）に限らず、むしろイスラエル共同体内の社会的な規範について多く記されています。族長の共同体とは違い、同じ民族としての意識を持ちつつ、個人的な関係を持たない人々が共に生活をしますので、その社会的なルールを定め、そのルールやその精神（基本的な考え方）が分かち合われる必要があります。民族形成の発端としてのシナイ契約に、社会的規範としての律法がともなって記されたのは偶然ではありません。

「大きな物語」によれば、神ヤハウェの名による契約を中心に、イスラエルは民としての形成へ進んでいきます。それは、ヤハウェの部族連合（ヨシュア記、士師記）を経て、統一王朝へと向かいます。ここでイスラエル共同体は大きな変化を見せます。歴史的には統一王朝までは各部族の自治が認められていたようです。しかし、それでは他民族との関係にとって非常に不利であるとイスラエルは考えました。そこで他民族が採用しているような統一王朝を建設し、安全保障を高めようと試みました。ここでその王朝に対する神ヤハウェの祝福の約束が記されます〈サムエル記下〈第二〉七章〉。それは、王権への祝福ではありますが、その背後に「神の支配」の確立のための祝福であることが忘れられてはならないでしょう。物語として、そこにはシナイ契約の理想が土台として存在しています。しかし、旧約テクストが描くのは、王を頂点とする官僚制度が整備され、徴税制度や賦役制度が導入さることで、民への圧迫が始まったことでした。被支配者としてのアイデンティティを持つイスラエル共同体は支配する者となり、他者を抑圧・搾取して社会的な分断を生んでいきました。この間、旧約テクストの読者にとってみれば、表面的には「神の支配」としてのシナイ契約の意義について書かれているようには映りません。実際、ダビデ王朝の末期のヨシア王の改革まで律法は忘れられていたと記されています。しかし、ヨシュア記、士師記、サムエル記、列王記はシナイ契約の流れを汲む申命記神学に沿って記されたと考えられています。預言者の系譜の中で、シナイ契約に通じる考え方が王朝時代に存在したことを旧約テクストは語ります。その後、「大きな物語」によれば、バビロン捕囚からの解放後にイスラエル共同体の再建の中心に置かれたのは律法でした。

古代イスラエル共同体の建設に不可欠なアイデンティティの提示、それにともなう社会的な規範の設定、これがシナイ契約に与えられたイスラエル共同体に対する意義ですが、その意義はそこにはとどまらずに、時代を超えて共同体形成に対しても影響を与えていきました。共同体の草創期に据えられたと理解された考え方や内容は、体制を変えていった共同体に対して方向性を与えるような役割を期待されたことになります。そこにはさまざま誤解や歪曲があったことは確かですが、役割の期待という点でシナイ契約と律法は重要であり続けました。

注意すべき点

「大きな物語」として、イスラエルは一つの統一された共同体として描かれる傾向があります。出エジプトやシナイ契約の物語において、民は一つとして描かれています。しかし歴史的に見れば、この時期にまだ民族形成はされておらず、そのような意識もなかったと考えられます。雑多な人々がエジプト脱出に参加していることも語られています(出エジプト記十二章三十八節)。エジプト脱出を経験したすべての人々がシナイ契約に参加したかどうかは不明です。逆に、エジプトでの経験がない人々が、シナイ契約が結ばれた現場に参加した可能性もあります。「大きな物語」は、すべての人々が聖書に記述された出来事を同じように経験したように記しています。しかし、歴史的にはその保証はありません。多様な経験をした人々の各々の伝承が組み合わされて、現在の聖書テクストが著されていると考えることもできるのです。

実際、聖書テクストはイスラエルの民がさまざまな人々によって構成されていたことを証言しています。その証言の一つは、ヤコブの十二人の子どもたちに由来する部族です。ある聖書テクスト群は、部族の関係を異母とは言え兄弟として提示しており、血縁にイスラエルの基盤を求めています。反面、各部族は各々独立していることが述べられています（創世記四十九章のヤコブの祝福、ヨシュア記、士師記など）。王朝設立以前には、イスラエル共同体としての政治的な統一が達成されていないことをテクスト自体が認めているのです。歴史的には、この十二部族に限らず、他のさまざまな部族や小規模の共同体がヤハウェを中心とするイスラエル共同体に参加したと考えられます。カナン在住の人々がそこに含まれていたでしょう（ルツ記）。イスラエル共同体の基礎は契約であり、それは血縁関係だけに縛られるものではありません。確かに古代における血縁や系図は非常に重要で、そのような理解を通して部族や共同体のアイデンティティが確保されました。しかし、契約による共同体には血縁関係のない人々がそこに参与する可能性があります。外に対してオープンな性格を持つ共同体です。このような互いに独立した部族や小規模な共同体の連合としてイスラエルは成立していましたが、そこに王政を導入して共同体の統一を強めていきます。各部族・小規模な共同体は自治権を王に委譲していきました。オープンであったイスラエル共同体は次第に他の共同体（部族、民族）との壁を作り、内側での民族意識を醸造していったと考えられます。民族意識は内側に向くだけでなく、他の民族との関係をも意識させていくことになります。一つの民という理想（士師記では、各部族の自治を消極的に評価しています）はトーラー（律法の書）において描かれているとは言え、それは理想の反映であり、そこに歴史的な状況を見ることは難しいと思われます。

このように、「大きな物語」としては、民族形成の発端として位置づけられるシナイ契約において民族としての統一性を描いておきたかったと判断されます。しかし、シナイ契約自体は民族意識としてまだ不安定な時期に位置しています。言い換えれば、シナイ契約は、ヤハウェを中心とするイスラエル共同体の未形成な段階にあって、その共同体意識の形成を「目指す」契約とも言えます。この発端や草創期という意義をシナイ契約に認めることは、古代イスラエル共同体がシナイ契約やそこに記された律法を重視する姿勢を採用していく大切な原因の一つになったと考えて良いでしょう。

B　契約について

シナイ契約について検討していきたいと思います。まず、旧約聖書が語る契約の考え方についてみていきましょう。旧約聖書には契約ということばが用いられ、神と人々との間にいくつかの契約が結ばれたことが記されています。それは、旧約聖書神学にとっては、付属的な要素というよりも、旧約のイデオロギーを支える重要な課題の一つとなっています。実際、数多くある旧約聖書神学には、契約をその中心において旧約全体をまとめ上げようとする試みがあり、説得力をもってその業績を残しています。

旧約テクストの契約概念を考える上での注意点を一つ指摘しておきます。人間社会が存在する限り、そこにはさまざまな約束や契約が結ばれることです。それは時間と空間を超えた人間の性質と言えるでしょう。しかし、その内容や考え方は場所や時代によって異なります。これは、古代イスラエルと現代の資本主義との関係においても当てはまります。日本語では同じ「契約」という用語を使いますが、聖書テクストの契約概念は現代社会における契約概念とは違っています。その詳しい内容については後述します。ここでは、これから説明する旧約聖書の契約は、読者がすでに理解している一般的な契約の考え方とは違うことを意識していただきたく思います。それは、契約概念に限らず、聖書を読むときの基本的な姿勢と言えるでしょう。日本語に翻訳された聖書の用語や概念をすでに理解している一般的な概念から読んでしまう、これは気をつけるべきことです。聖書テクスト自体がそのコンテクストから示している概念を探り求めなければなりません。それが、読者の常識から大きく外れてしまうこと、ときには受け入れ難く感じることがあるかもしれませんが、そうではあっても、聖書テクストからその概念の意味を理解する姿勢が必要です。

ヘブライ語で記された契約（berit ベリース）の語源については諸説あり、確定されていないようです。

a　契約の会食から「食事をする brh」を語源とする
b　アッカド語の「足枷 biritu」から「結合する」意味と考える
c　アッカド語の「の間 birit」
d　「決定する brh 」から、契約ではなく「責務」を意味する

などが考えられています。ただし、語源から契約そのものの概念を導き出そうとする試みは、あまり良いとは言えません。確かに、手がかりの一つとなるでしょう。しかし、ことばや概念はその語源に縛られずに、社会の中で再定義されて変化をし、その社会にとって最も適合する概念として意味づけられるからです。旧約テクストの段階での契約（ベリース）の意味を、その旧約テクスト自体を読みながら求めていくべきです。

これから契約の意義について、大きく四つのポイントから見ていきたいと思います。第一に、関係性について見ていきます。契約は互いに異なる人格関係の上に成り立ちます。第二は、共同

体性です。古代イスラエルの社会単位は個人ではなく、人間の集合体でした。第三に、継続性です。契約の締結は一回限りであっても、その有効性は継続的です。第四に、社会体制への対応です。古代イスラエルが語る「大きな物語」に描かれた社会的変化に契約が登場します。各々の意義について考えます。

契約の関係性

契約は二つの人格的な存在の関係です。旧約テクストの契約が考えている関係性について、以下に見ていくことにしましょう（下図参照）。

英語では一般の契約をcontractと呼び、聖書の契約をcovenantと呼んで両者を区別します。しかし、いずれも日本語では「契約」になっていて、それだけでは区別ができません。そこで

項　目	一般的売買契約 contract	聖書の契約 covenant
定　式	1. 当事者の名前 2. 取引の方法 3. 証人の名前 4. 日付	1. 前文 2. 歴史を記した序文 3. 命令 4. 補償の条項/公的な宣言 5. 証人 6. 祝福と呪い
目　的	期待される利益	関係の要求
主導権	互いの同意	（おもに）強い立場の者
方向性	交渉 物中心	賜物 人間中心
責　務	履行	忠誠
失効理由	確定した理由	不確定な理由
契約破棄	可能	可能

参照：E. マーティンズ『神のデザイン』（福音聖書神学校出版局 2015）

前者を「売買契約」、後者を「聖書の契約」としておきます。

a 定 式

定式ですが、書式と言った方が良いかもしれません。売買契約には契約当事者の属性や性格は記されていませんし、当事者同士の関係にも関心がありません。取引そのものの内容を規定しているだけです。また、契約の保証もその規定に則っています（もちろん、保証の背後には行政・司法制度の裏づけがあります）。聖書の契約は、当事者の歴史を語り、そうすることで当事者の関係性を明確にしようとします。その上で、契約に関する内容の保証を試みます。

b 目 的

契約を結ぶ目的について考えましょう。売買契約の目的は経済的な果実を獲得して利益を得ることです。売買ですので、そこには商品が介在します。貨幣（お金）も商品の一つです。商品とは、自分が本当に得たいものと交換するためのものです。買い手は、貨幣を提供することで自分が得たいモノやサービスを獲得します。そのモノやサービスで自分の生活が成り立ち、利便性が向上します。それが買い手の利益です。売り手は、商品を提供することで貨幣（お金）を得ます。まさに経済的な果実という利益が獲得され、売り手の目的が達成されます。

聖書の契約の目的は、関係の要求です。当事者が期待する何らかの利益を得るための売買契約と違って、聖書の契約は関係を結んでいること自体が目的であると理解されます。もちろん、そこには何らかの利益が期待されているでしょう。例えば、神ヤハウェからの祝福の約束として聖書テクストもそのような期待を記してはいます。しかし、最終的な目的がそこにあるのではありません。祝福は約束であり、関係性に付随してくるものです。

c　主導権

契約を結ぶにあたり当事者の誰がその主導権を握っているのか、このような課題があります。売買契約では、契約締結の主導権は当事者の両方にあり、両者は法的には平等です（現実には、当事者には力関係が存在するでしょうが、法としてはそれを認めません）。それは、誰とでも自由に契約を結ぶことができることを保証します。当事者同士の関係が不平等で支配─被支配関係にあれば、被支配者は契約を結ぶ機会を制限されます。それでは資本主義が目指す利益の獲得にとって不都合です。そこで法は契約当事者の関係の平等性を保証し、売買を促進しようとします。この平等性が保証されている限り、契約の内容について互いの同意が求められます。一方的な要求は許されません。

聖書の契約では、契約締結の主導権は当事者に対して平等に保証されてはいません。むしろ、当事者の関係において強者の立場の者に主導権が与えられています。これは、当時の中東世界の民族間の条約をはじめとする契約の反映であると考えられています。聖書も当時の慣行に従っています。実際、神ヤハウェと古代イスラエル共同体との間の契約において、神ヤハウェが一方的に自らを啓示し、ことばをかけ、祝福を約束しています。イスラエル共同体は、それを受け止めるだけに終始します。この一方通行に見える関係が、神ヤハウェの主導権を表現しています。

d　方向性

各契約の主導権のあり方で、その契約の方向性あるいは性格が決まってきます。売買契約では、当事者の同意が前提ですから、その同意にいたるまでには交渉が必要です。当事者が各々どのような利益を獲得しようとしているのか、そのために可能な条件は何か、自らにとって有利な方向を目指して対等な立場で交渉をします。それは双方向的です。その交渉の中心になるのは、言うまでもなく、モノやサービスです。その獲得のために交渉しているからです。

聖書の契約においては、基本的には交渉はありません。神ヤハウェの主導権の下では、神ヤハウェが契約内容を一方的に提示し、その履行を約束します。ですから、イスラエルには契約の応答が求められているとは言え、聖書の契約の方向性は双方向ではなく、むしろ一方的です。契約は与えられるとの理解に立ちます。それは賜物として表現されます。その賜物の中心は、人間そのものにあります。約束の内容は人間を祝福するためだからです。神ヤハウェは人間の平和や福祉を促進したいのです。モノやサービスが中心に置かれることはありません。もしそれが必要ならば、それは中心ではなく目的のための手段にすぎません。

e　責　務

契約は当事者双方に何らかの責務を負わせます。それは、契約の相手に対して約束をするからです。売買契約の場合、互いの経済的な果実を実現するために、当事者はその契約内容の履行が求められます。買い手は、決められた期日までに、決められた金額を売り手に渡さなければなりません。売り手は、決められた期日までに、決められた条件を整えて商品を買い手に渡す必要があります。当事者双方には、このような具体的な行動をするように責務があります。ですから、履行の責務は売買そのものが成立する瞬間に集約されます（商品の交換の瞬間）。注意点としてあるのは、両者の関係性はこの履行のみであり、それ以上の関係性が何か求められることはないことです。

聖書の契約について言えば、その目的は当事者の関係そのものですから、双方の責務はその関係性の維持に関わってきます。したがって、売買契約とは違って、聖書の契約が求める責務は継続的になります。この当事者の関係は、相手への信頼あるいは忠誠によって守られます。もちろん、売買契約においても何らかの信頼関係は不可欠です。しかし、その信頼は契約の内容を履行しうるかどうか、当事者の能力を含めて、そこに懸かってきます。聖書の契約では、神ヤハウェとイスラエル共同体との人格関係自体が目的ですので、両者の交流には相手に対する信頼・忠誠がその土台として置かれるのです。神ヤハウェは自らが求めた契約であり、それに忠実という意味で、神ヤハウェからのイスラエルに対する信頼を失うことはないというのが旧約テクストの考え方です。現実に、イスラエルは神ヤハウェへの忠誠を失っていくのですが、それは神ヤハウェの価値観の無視・軽視や表面的な信頼として表現されます。

f　失効理由

契約は約束ですから、契約の破綻という形で失効してしまうことがあります。売買契約について、その契約の失効はかなり明確です。契約の当事者のいずれかが契約の内容を履行しなければ、その契約自体は失効してしまいます。契約内容は具体的に示されています。ですから、その具体的な行動を起こさないとか、内容に従わずに別の行動をしてしまったとか、単純なミスとか、契約の不履行は第三者からも確認できるほどにはっきりしています。

聖書の契約の場合、その責務は信頼・忠誠ですから、売買契約ほどには失効理由は明確ではありません。確かに、シナイ契約について考えれば、律法が備わっていますので、それが履行されないとするならば、契約の失効理由となるように思われます。しかし、聖書の契約の目的は関係性の維持ですので、律法への違反があっても、赦しや猶予措置などが施されます。律法が破られても、それを尊重する方向へ変わっていく期待があります。律法違反をいちいちあげつらっても、それでは関係維持にはなりません。また、アブラハム契約やナタン預言のように、イスラエル共同体に対して条件が付されていないような契約についても、失効する可能性を認めるべきです。無条件と思われる契約でも、その根底には信頼・忠誠が前提になっています。神ヤハウェからの信頼に対して人間が信頼をもって応答しないとなると、その契約自体が意味をなさなくなります。ですからこのような契約においても、失効することはありうるのです。

信頼・忠誠が破られるということ自体は、客観的な基準に基づく判断よりも、当事者の関係性そのものに依っています。ですから、契約が破綻して失効することがあっても、その理由を第三者的に示して説明することは難しい場合があります。

g　契約破棄

契約の失効理由について説明しましたが、それは契約破棄の可能性があることが前提になっています。ですから、売買契約にしても聖書の契約にしても、破棄される可能性があります。売買契約は、その契約内容が履行されなかったことによって契約は破棄されます。

聖書の契約では、当事者の関係性そのものが最も重要でしたので、その維持のための努力は惜しまれません。神ヤハウェはイスラエル共同体の不信や裏切りをいくども赦しますし、裁きへの時間的な猶予も与えます。しかし、そこには限度があります。関係維持のための努力が実らないと判断されれば、その信頼関係は破綻していきます。それが契約の破棄という形になります。この契約破棄については、後にもう少し詳しく議論します。

売買契約との比較で聖書の契約の特徴を見てきましたが、ここで最も重要なのは関係性です。それは、契約の本質そのものと言えるでしょう。すでに示したように、その本質は信頼関係を内容とし、人格関係そのものと言えます。私たちの日常生活の中で人間関係を良いものにしていくために、信頼関係は不可欠です。それは感情的な好悪の関係とは別の次元です。誰しもが人間ですから、他者への好き嫌いの思いは必ずあります。しかし、好感を持てる相手だから信頼し合えるとは限りません。肝心な時に助けてくれないかもしれません。逆に、感情的には好きになれない相手であっても、信頼に足りる人であることを思わされることがあるでしょう。聖書が語る人間関係は、好悪の感情ではなく、あくまでも信頼性に基づいて議論をしています。それは、相手を大切にしようという姿勢です。相手に対する責任性であり、その責任を負うような具体的な言動です。

このような人間の信頼関係を用いて、聖書テクストは神ヤハウェと人間との関係を表現しています。神ヤハウェはイスラエル共同体を救い、自らの価値観に生きるように招き、祝福をもたらそうとします。神ヤハウェの行動は一方的な呼びかけで、その理由も明示されてはいません。少なくとも、神ヤハウェがイスラエル共同体と関わりを持とうとする瞬間には、イスラエ共同体が神ヤハウェに対して何らかの貢献ができているわけではないことは確かです。つまり、業績があったからイスラエルの人々に神ヤハウェは関わろうとしたのではないのです。むしろ、この人々は社会で抑圧を受け、生きること自体にも困難を経験してきました。神ヤハウェは苦しめられている人々を優先的に救おうとする神であることを、神ヤハウェのイスラエル共同体に対する関わり方は示しています。それは単なる瞬間的な慈しみではありませんでした。神ヤハウェは救い出したイスラエル共同体と関わりを持ち続け、そこに自らの意志を実現し、人々の生活を成り立たせたいと考えたのです。その関係の維持のために、人格神である神ヤハウェはイスラエル共同体と人格的な関係を実現し、この関係の基盤に信頼を求めました。つまり、神ヤハウェはイスラエル共同体との関係において主導権を握り、まず神ヤハウェ自身がイスラエル共同体に対して信頼を置こうとしたのです。古代イスラエル共同体は、神ヤハウェの民として信頼をもって応答するように求められます。信頼に始まった関係は、信頼によって応答することで成立するからです。人間からの神ヤハウェへの応答を信仰と一般的には呼んでいます。信仰とは、見えない神の存在を認めるとか、あるいは聖書の内容や教会の教えを信じることではありません。それは必要不可欠なこととは言え、信仰の本質ではありません。教えは信仰の事柄をことばにして表現したものにすぎないのです。信仰は、先に人間を信頼した神を人格的に信頼して生きていくことです。その価値観を尊重して、神が大切にすることを私たちも大切にして生きていくことです。神と人間との関係は信頼に基づくものであり、聖書テクストはそれ以外にはありえないと語っています。そのような意味で、旧約テクストの契約においても、神ヤハウェとイスラエル共同体との相互の信頼関係が最も重要なのです。

この信頼関係と契約内容との関係について考えてみたいと思います。契約の基盤は信頼とは言いながら、そこには履行すべき内容がともなっていますし、イスラエル共同体が与えられる具体的な祝福も記されています。イスラエル共同体が神ヤハウェを信頼すると言っても、やはりその祝福の実現を求めているにすぎないとも映ります。つまり、契約の実現（イスラエル共同体への祝福）のために神ヤハウェに信頼を寄せるという事態が起きているのではないか、そのような疑念も起きます。しかし、これでは聖書の契約の意義を売買契約に転換してしまっています。神ヤハウェへの信頼が取引の材料とされてしまっていて、契約の目的が祝福の獲得という利益そのものになっています。これでは手段と目的とが転倒してしまっています。売買契約の目的は利益にありますから、その目的のためにはそれで良いでしょう。それは認められるべきです。しかし、聖書の契約が人格関係の維持を目的にしているとすれば、それでは適切ではありません。売買契約を聖書の契約に厳密に適用してしまうと、イスラエルは律法の一つでも破った瞬間に神ヤハウェから捨てられてしまうことになります。そうなっても、イスラエル側から何ら文句は言えません。契約の内容である神ヤハウェからの祝福は、それを獲得するための目的ではなく、イスラエル共同体が神の価値観に生きるため与えられていることを意識しなければならないのです。それは目的ではなく、賜物（プレゼント）であり恵みです。関係を維持する中で、イスラエル共同体が生きていきために神ヤハウェが実現していくものです。それは神ヤハウェの性格に由来しています。イスラエル共同体は与えられるものを感謝をもって受け取れば良いのです。しかし、すでに指摘したように、目的（関係の維持）と賜物（約束の実現）との関係は微妙であり、それはいつでも入れ替わってしまいます。古代イスラエル共同体はこの関係を勘違いしたように思えます。例えば、ナタン預言におけるダビデ王朝への祝福をイスラエルの不敗神話の約束と理解し、神ヤハウェとの関係の維持を礼拝行為のみに集中させ、神ヤハウェの価値観の実現への試みを疎かにしました。祝福が自分たちの目的となり、関係性はその間違った目的のための手段となったのです。それは、王朝として神ヤハウェからの信頼を裏切るものであったと聖書テクストは断罪しています。

以上のように、聖書の契約は関係性そのものに求めるべきで、この関係性を中心に契約に関わる議論をすることが重要です。例えば、（詳細は後述しますが）シナイ契約において律法は大切な要素ですが、律法を単独で議論するのではなく、この契約の関係性から律法の意義を考えるべきです。以下に議論していく、契約の共同体性、継続性、社会体制の意義についても同じです。関係性そのものの維持という観点を失うと、議論そのものが聖書テクストから逸脱していくことになります。

契約の関係性の議論を契約の主体性の課題から見たいと思います。議論を深める前に、抑圧から人々を解放し、その人々に連帯意識を与え、その人々が共に暮らしていけるような社会を実現していこうとする「神の支配」に関する旧約テクストの描き方について考えてみましょう。契約における神の約束は、未来における成就が意図されています。しかし、それにいたる道筋は紆余曲折した物語に彩られており、そこに関わる人間たちをめぐる環境や社会状況、あるいはその登場人物たち自身の思惑に振り回されている印象を受けます。アブラハムは子孫が与えられる約束を受けます。しかし、正妻であるサラにそれを期待せず、サラの奴隷であるハガルとの間に男児をもうけます。聖書テクストはこれを神の意志とはみなしませんでした。あくまでも正妻サラが産む男児を後継者にするとしています。キリスト教的な神の全知全能の考え方であれば、ハガルの出来事は神の意志ではないのだから、それを事前に止めることができたはずです。シナイ契約において律法が与えられたという事実から考えてみましょう。イスラエル共同体に必要な宗教的・社会的なあり方を文字で律法は示しています。宗教的な儀式のあり方について律法を読めばそれが解る仕掛けになっています。何か社会的な問題があった場合、その処理の仕方やその基本的な考え方が律法に述べられています。律法を通して神ヤハウェの価値観の実現の仕方が示されていることになります。言い換えれば、神は律法によって神の価値観の基盤・原則を語っていることになり、神は歴史（イスラエルの現実）に対して直接的に介入しないことが原則であることをも意味しています。原則だけが示されているということは、それに従うかどうかは人間に委ねられていることになります。実際、「大きな物語」の大きな筋は、神の価値観に対してイスラエルが服従しなかった物語です。神ヤハウェは自らの価値観の実現を図りますが、契約をめぐる物語や律法の提示方法にあるように、神が示す価値観への人間の応答が重要な要素になっています。それは、神ヤハウェが人間をロボットとして創造したのではないからです。自ら決断をし、その責任を負う主体者として人間が存在しています。この主体者としての人間観から契約について見ていくと、二つの事柄が課題となります。一つは、すでに見てきたように、契約が求める関係性に関わります。神ヤハウェとイスラエル共同体の関係性はどのようなものとして期待されているのか、この課題です。もう一つは、イスラエル共同体は契約の主体者と言えるのかどうか、です。

神ヤハウェが契約の主体者であることについて、まったく疑いの余地はありません。人間側にさまざまな課題があって、それに応える形で契約が結ばれることはありました。アブラハムの場合はこれに当てはまりますし、エジプトでの奴隷の民の場合も彼らが助けをまず求めています。しかし、契約そのものは神ヤハウェが一方的に提案し、約束を与えています。神ヤハウェは契約を主導しています。では、その契約を提示された人間はどうでしょうか。一つの考え方として、契約は人間に対して一方的に与えられているにすぎないと言えるでしょう。シナイ契約を除けば、契約の提示と約束を受けるのに、文字としては人間側には何らの条件も課されていません。ただ、契約と約束をもらうだけです。そのような意味では、人間あるいはイスラエル共同体が契約の主体者とは言えない、と結論づけられます。しかし、神ヤハウェの一方的な関わりであったとしても、それを受け取るかどうかは、その契約を向けられた人間に委ねられています。受け身とは言え、受け取るという決断は人間の側に依存しているのです。その受け取るという決断には、契約を差し向けた神ヤハウェとの関係が不可欠です。いくら神ヤハウェが人間にとって都合の良いことを約束したとしても、人間が神ヤハウェを信頼していなければ、この契約を受け取ることはないでしょう。そのような意味で、神ヤハウェの名による契約の当事者として神ヤハウェだけでなく、人間あるいはイスラエル共同体を含めて考えることができます。本書では、後者の立場、すなわち人間あるいはイスラエル共同体も契約の主体者として関わっていると理解しておきます。契約の呼びかけにおいて受動的ではあったとしても、契約が存続する限りにおいて、イスラエル共同体には積極的に神の意志に従い、「神の支配」を共同体の内外に実現する務めが期待されています。契約は神からの一方的な賜物とは言え、その神ヤハウェへの応答の決断と実行に主体性を認めたいと思います。

契約の共同体性

神ヤハウェが結ぶ契約の相手方はイスラエル共同体です。イスラエルは個人ではありません。神ヤハウェから見れば、古代に形成された共同体が契約の対象者になっています。この基本になっているのは、イスラエルに限らず古代においては（近代ヨーロッパが始まるまで、と言ったほうが正確かもしれませんが）、人々の生活の単位は個人ではなく共同体でした。もちろん、古代においても都市部では個人という生き方は存在したでしょう。また、個人という概念を持ち出す哲学もあったかもしれません。しかし、圧倒的に多数の人々は共同体を形成し、ルールを作って互いに助け合い、保護し合い、束縛し合い、その枠組みの中で暮らしていました。貨幣経済が発達せず、大量の物資の交換が期待できない経済体制では、支配・保護・贈与・互酬を基盤とした共同体を作らざるをえませんでした。それは、古代イスラエルも例外ではなかったのです。

もちろん、近代資本主義社会においても国家・社会・法人・家庭をはじめとする共同体は存在しますし、それが一体となって一つの意思表示をしなければならないこともあります。人間が社会的な動物である限り、それは当然のことです。しかし、資本主義が人間を個人という単位に分解してきたことも事実です。労働力の確保のために資本主義社会は個人としての人間に自由と平等という概念をもたらしました。その一方で、近代社会は自由と平等を基盤とする基本的人権の概念を生み出し、個人として分解された人々を守ろうとします。そこでは個人の集まりが共同体を形成すると考えることになるでしょう。それは、民主主義・国民主権などの考え方に表現されています。しかし、古代では共同体そのものが先に存在し、支配—被支配の関係に個々人が参与している、このような見方になります。基本的に古代社会では人間は個人に分解されることはありません。もしそのようなことが起きたとすれば、それは共同体内のルールに従わなかったことを意味しました。そのルールに従わなかった者は何らかの制裁を受け、場合によればその共同体から放逐されたと考えられます。

共同体としての自己理解は、聖書の表現としても描写されています。確かに、共同体を導く代表者を個人として描きはしています。最初に創造された男女、アブラハムをはじめとする族長、モーセ、ダビデ、一部の王や預言者などを挙げることができます。しかも、モーセ、ダビデ、王たちの背後に存在する共同体の個々人を描写することには関心がありません。さまざまな考え方を持った人々が現実には存在したはずですが、そのような違いを記すことなく、ある指導者の行動に賛同して（ある場合は、反対して）みなが一緒に行動しているかのように描かれています。「大きな物語」の理想である〝一つの民〟という考え方が反映しているとは言えますが、イスラエルという共同体をベースとしている著述であることには変わりありません。個々人の決断やそれに基づく行動の違いは描写されることなく、共同体全体の意志・行動と同一視されるか、そこに吸収されてしまっています。

聖書には神ヤハウェが個人と契約を結んだ記述があります。そこでは共同体ではなく、個人が優先されているように思われます。しかし、やはりその印象は聖書テクストの主張ではありません。例を挙げながら見ていきましょう。まず、創世記九章にはノア契約が述べられています。洪水の裁きの後に、神ヤハウェは生き残ったノアに対して新しい世界のビジョンを語り、その実現を約束します。神ヤハウェはそれを契約と呼び、ノアの家族とその子孫を対象にしています（九章九節）。子孫を人類全体として理解すべきなのか、あるいは神ヤハウェを信頼する民を指していると理解すべきなのか、解釈は分かれるかもしれませんが、いずれにせよ、契約はノア個人に対してのみ結ばれたのではありません。人々の集合体が契約の相手方になっています。アブラハムとの契約について考えてみましょう。創世記十五章で、神ヤハウェはアブラハム個人に語りかけをします。そこではアブラハム自身が抱えていた問題（子孫がいないこと、土地が獲得できないこと）に対する神ヤハウェの応答が約束（契約）として述べられています。よく見ていけば、アブラハムの課題は個人的なことのように思えますが、次世代を含めたその族長一族（共同体）の生活の問題であることが解ります。したがって、神ヤハウェの応答も決してアブラハム個人についてのみ語るのではなく、その共同体に影響を与える内容になっています。「大きな物語」からすれば、それは何世代にもわたる古代イスラエル全体の課題として理解されます。アブラハム個人に語りかけられた契約ですが、決して個人のためではありませんでした。ダビデの場合はどうでしょうか。サムエル記下〈第二〉七章に預言者ナタンを通じたヤハウェのことばが記されています。ダビデ契約とも言われており、やはりダビデ個人へのことばとなっています（七章八節）。しかしその内容は、ダビデ個人への祝福のことばではなく、ダビデ王朝を確立する約束です。その約束は、ダビデ王朝に支配される人々が不正によって苦しめられることがなくなるため（七章十節）とされ、王朝による支配が何世代にもわたるイスラエル共同体のためであることが明示されています。ダビデに向けられた約束（契約）という形式は採用されてはいますが、その目的は理想的な共同体の形成にあります。個人に宛てられたと記述された契約も、その内容は共同体に関することで、その共同体全体を包み込んでいます。個人名は、その契約が与えられたときにその共同体を代表する人物であったにすぎません。

このように古代社会の基本的な成り立ちからすれば、聖書の契約がイスラエル共同体という単位で結ばれたのは当然と言えるでしょう。しかし、共同体性が当時の時代的な制約であるという消極的な見方だけでなく、契約におけるこの共同体性をもっと積極的に評価できます。契約を結ぶことは「神の支配」への参与として考えましたが、その「神の支配」は人間同士のつながりの中で実現していきます。イスラエルの契約は神ヤハウェとイスラエル共同体との間で結ばれたという第一の性格がありますが、それは神ヤハウェがイスラエル共同体を祝福することを目的としています。祝福とは、イスラエル共同体が神の価値観に生き、そこに集う人々が平和に暮らしていくことです。現実に人々が平和に暮らしていくためには、互いに尊重し合い、助け合うことが不可欠です。聖書を読んでいけば、神の祝福の約束は人知を超えた不思議な力で達成されたわけではないことが解ります。ときに神は奇跡をもってイスラエルを助けることはあったようですが、基本的には人間が日常に経験できるような出来事や社会体制を通じて、神は自らの価値観をイスラエル共同体に実現しようとしています。ですから、神ヤハウェはイスラエルにとって最終的な支配者であると自らを啓示しながら、人間の指導者を立てるのです。

契約の概念として、神とイスラエルとの関係という縦の関係があります。その縦の関係は同時に、イスラエル共同体に参与している人々の関係である横の関係をも規定していきます。神の価値観（縦の関係）は、人々の関係の中で実現していくからです（横の関係）。契約の約束は抽象的なものではありません。むしろ、人々の生活の中で具体的に実現していくものです。アブラハム契約によれば、イスラエルはカナンの地を与えられることになります。それは所有権の問題だけではなく、人々がカナンの土地で生活することを意味しています。小家畜飼育者という伝承を大切にしつつも、カナンに定住した多くの者は農業を営みます。ある者は都市に居住しました。経済の仕組みは、人々の生活や意識と直結しています。政治としては、部族や小規模な共同体の連合であった体制から統一王朝の道を歩みます。礼拝に関しては、移動式の幕屋や各地方の聖所での礼拝から、エルサレムでの神殿礼拝が各地を支配する形式へと変化し、ヤハウェ宗教の中央集権化が進みます。アブラハムの悲願、カナンという土地が与えられることはその事実にとどまらずに、人々の生活の変化を生み出し、その日常の生活の中に「神の支配」の実現が求められるのです。

この現実を踏まえて、人々が参与している共同体の横の関係から「神の支配」を表現しようとしたのが律法です。旧約テクストが記す各契約にはつねに横の関係が考慮されているとは言え、シナイ契約以上にその具体性を言い表している契約はありません。律法をともなうシナイ契約が与えられたのは、「大きな物語」からすれば、エジプトを脱出して間もなくであり、カナンの土地へ侵入して定着するまではかなりの時間があります。もちろん、牧畜を本格的に始めるにはいたっていませんし、ましてや農業などはまだまだ先のことです。しかし、律法にはこの時点で牧畜に関する規定（出エジプト記二十二章四～五節）や農業に関する規定（出エジプト記二十三章十～

十二節）が細かく記されています。規定によれば、ある問題を解決した判例のようなものとして記録されています（出エジプト記二十二章九～十四節）。また、シナイ契約に連なる申命記においては、王政に関する規定もすでに記されています（申命記十七章十四～二十節）。「大きな物語」においてシナイ契約が結ばれた時点で、このような記述がイスラエル共同体にどれほどの意味と説得力があったのか、それに疑問を持たざるをえません。歴史的に見て、旧約聖書の律法（最初の五書）が現在の形になったのは、もっと新しい時代であったと考えることができます。ただ、ここで確認したいのは、律法形成の時期や過程ではなく、契約共同体に参与している人々の生活が記されていることであり、また人々の関係性抜きでは契約の具体的な内容は成り立たないことです。契約を通して神ヤハウェの価値観は共同体としてのイスラエルの枠組みを外から覆うと同時に、その枠組みの中に神の価値観は浸透していきます。

契約における共同体の意義は、契約に参与した古代イスラエルの人々に連帯意識をもたらしたと考えられます。確かに、イスラエルの歴史において共同体としての結びつきのあり方やその強さには時代による変遷がありました。神ヤハウェの民とは言えない烏合の衆としか呼べない人々の集まりであったり、部族や小規模な共同体の連合体の時期があったり、統一王朝として民族意識を醸造して確固としたアイデンティティを形成した時代もありました。しかし、どのような社会体制にあっても、契約が神ヤハウェを指し示している限り、その主権者の下での連帯意識は生み出されていったと考えられます。

共同体における連帯意識は、その共同体に所属する人々のアイデンティティの共有と深く関わります。古代においてその意識は血縁関係として意識されることが一般的であったと考えられます。この血縁関係を重視する姿勢は、聖書も例外ではありません。創世記には系図が記され、民数記や歴代誌などにおいても血縁関係のリストが述べられています。エジプトの奴隷の民もヤコブの子孫として描かれています。確かに、神ヤハウェが互いに血縁関係のある共同体（アブラハムの子孫）と契約を結んだという考え方はできるでしょう。血縁関係を排他的な要素として、神ヤハウェとその血縁共同体とが関係を結ぶことです。しかし、契約という考え方は血縁の概念と直接に結びつくわけではありません。契約自体は互いに異質な者同士で結ばれるのであり、神ヤハウェの契約が人間同士の関係性を求めている限り、その契約には血縁関係だけでは枠組みのできない人々の参与も予定されていると考えられます。実際、聖書テクストはエジプトを脱出した奴隷の民を血縁だけに見ているわけではありませんでした（出エジプト記十二章三十八節）し、他民族の人々が契約共同体に参加したことを記しています（ルツ記）。

契約による共同体は神ヤハウェによる解放と保護を経験した人々の記憶と伝承に基づいており、その解放と保護とを身をもって経験した人々が招かれていることはもちろん、それらを直接には経験しなくともその意味に賛同する人々には開かれている、と論理的には言えます。このような契約の性質に従った共同体としてイスラエルは存在し、神ヤハウェの価値観を基盤に人々は連帯意識を醸造することができると言えるでしょう。宗教的な儀式は、イスラエルの民への忠誠を表現する場として非常に重要でした。神ヤハウェへの信頼が最も大切であり、それを欠いて礼拝は意味を成しませんでしたが、その信頼の証として神ヤハウェの名によって定められた儀式は意味づけされ、その手順を遵守したのです。同時に、礼拝や祭りという宗教儀礼は人々の連帯意識をも形成しました。同じ神に向かい、同じ空間と同じ時間を共有することで、血縁関係など伝統的な連帯意識を超えて、新たな可能性を生む連帯意識が促進される可能性を生み出します。

しかし、契約共同体が自らを他者に対して閉じてしまう状況を、やはり聖書テクストに見出すことができます。ネヘミヤ記などを見ると、民族性の違いを理由に共同体から特定の人々（外国から婚姻のためにイスラエルに来た女性たち）が排除される様子が描かれています（ネヘミヤ記十三章二十三節以下）。これは、王朝時代に完成していった民族意識に基づいていると考えられます。神ヤハウェの解放と保護という観点ではなく、ある時点で契約の民にすでに所属していたかどうか、これが連帯意識の基準に代わっているのです。連帯意識の変容が起きています。つまり民族としての自己理解に基づく新たな血縁意識や宗教的な形式が先行する連帯意識が生まれてきました。契約そのものが硬直化してしまい、その定められた意義が失われるときに、契約の民の内外に対するアイデンティティの考え方は変わってしまうのです。

契約の継続性

すでに述べたように、出エジプト記は旧約聖書における神ヤハウェの救済のモデルと理解できます。それは「神の支配」の実現であり、神の価値観が達成されることです。その第一の次元は、抑圧がもたらす苦難からの解放でした。人間の罪や悪がもたらす苦難や困難は神の意志ではありません。神ヤハウェは被抑圧者をそのような状況から解放しようとします。また、抑圧者にはそのような生き方を止めさせようと試みます。奴隷のエジプトからの解放は、このような救済の第一の次元を物語っています。この出来事自体は歴史的にただ一回限りです。救済としての解放は、時間的に見れば一点の出来事と言えます。もちろん、聖書はこの解放の出来事を繰り返し語ります。しかし、それぞれの具体的な出来事は二度とは起きません。それぞれは違った出来事です。

神ヤハウェの救済は解放ですべてではありません。救済は抑圧がなくなったという状態で終わるのでなく、救済の第一の次元を経験した人々が神の価値観に生き続けていくことも救済です。救済は継続していきます。この第二の次元を旧約聖書は契約によって表現しています。例えば、洪水という神ヤハウェによる裁きは、ノアにとってはこの世界の暴虐からの解放の出来事でした。神ヤハウェは世界を滅ぼし、自らを信頼する人々とやり直しを図ります。その後に神ヤハウェはノア・その家族・被造物と契約を結びます（九章九〜十節）。それは、洪水で世界を二度と滅ぼさないという約束です。未来において神はこの世界を再創造せず、洪水後に生き残った被造物によってこの世界の秩序を継続させていくことを約束しています。アブラハム契約では、アブラハムの子孫がカナンの土地を取得する約束がされています。「大きな物語」を読み進めば、その契約はエジプトから脱出した奴隷の民がカナンに侵入して定住することで成就します。そしてバビロン捕囚まで、古代イスラエルの民はこの地で支配的な勢力として生き続けます。そのような意味で、アブラハム契約は民がカナンに定着するまで継続され、その後も民の定住が続く限り、その契約が継続的に実現した状態であったと言えるでしょう。ナタンの預言（ダビデ契約）においても同様に、その王朝が継続していくことが約束されています。

本書で扱っているシナイ契約においてもその継続性は明確に示されています。「大きな物語」としてのシナイ契約は、イスラエル共同体をこれから形成していくために結ばれました。そこには、理想とされる社会秩序が考えられています。その秩序に対する法的な根拠をもたらすために律法の諸規定が与えられたわけです。共同体は日常の継続です。そこには時代的な変化がありますが、各時代が採用した社会秩序が存在する限り、その秩序に見合った日常の生活が続いていきます。十戒には殺人の禁止が規定されています。それは、ある時点だけを意図されているのではありません。シナイ契約が有効なイスラエル共同体が存続する限り、シナイ契約の律法の名によって殺人は禁じられ、それを犯す者はシナイ契約の下で罰せられるのです。殺人を社会が容認すれば、その社会は安定性を失って崩壊してしまいます。人が生きていくために社会的な安定性が必要であり、その安定を脅かすような要素は日常的に取り除かなくてはなりません。殺人禁止の律法は、そのような役割を果たしています。継続性の観点からすれば、他のさまざまな律法規定も同じです。確かに現代においては前向きな意味を見いだせない律法規定もあります（宗教的な規定や農業・牧畜に関することなど）が、シナイ契約に基づく社会秩序においては意味があったと考えるべきでしょう。読者が自分たちの価値で律法の意義を判断することは仕方ないにしても、それを定めた人々にとっては何らかの継続的な意味があったことを読者は意識しなければなりません。

契約の継続性を考えるときに、その有効性について問題となります。締結と同時に開始した契約はどこかの時点でその有効性がなくなるのでしょうか。あるいは、一度結ばれた契約は途切れることなく有効なのでしょうか。旧約の「大きな物語」と救済史、この二つの観点から考えてみます。

第一に、「大きな物語」において、複数の契約が結ばれた出来事が記さています。あるいは、その出来事自体に契約の名称は付されていない場合も、他の旧約テクストがある言動を契約と結びつけて理解している場合もあります。前者としては、ノア契約（創世記）、アブラハムをはじめとする族長の契約（創世記）、シナイ契約（出エジプト記以下）、シェケム契約（ヨシュア記）、新しい契約（エレミヤ書）などが挙げられます。後者としては、創世記のアダムの行動（ホセア書六章七節では、アダムは契約を破ったとされています）、サムエル記下〈第二〉のナタン預言（エレミヤ書三十三章二十一節の神ヤハウェとダビデとの契約はこのナタン預言を念頭にしていると考えられます）があります。各々の契約の有効性について一部の例外的な記述を除けば、契約がこの時点で終了したという明確な「宣言」は、基本的にはないように思われます。

そのような中で、旧約テクスト自体が「永遠」あるいは「とこしえ」と記している契約があります。ノア契約は「永遠の契約」と述べられています（創世記九章十六節）。アブラハム契約にも同じく「永遠」という表現が用いられています（創世記十七章七節）。ナタン預言（ダビデ契約）にも同様の表現が記されています（サムエル記下〈第二〉七章十三節、十六節）。この「永遠」をどのように理解したら良いのでしょうか。「永遠」を単純に、時間の枠組みの中で考えて「終わりのない状況」と理解することは可能だと思います。あるいは、認識できる時間の枠組みを外れて、「時間が存在しない状況」と考えることもできるかもしれません。しかし、そのような日本語の「永遠」の意味に解釈して良いかどうか、これには議論の余地があります。時間の概念は文化や時代によって多大な影響を受けているので、ヘブライ語における時間の考え方がヨーロッパ哲学の影響を受けた現代の時間概念とまったく同じとすることはできません。旧約の契約において、確かに「永遠」という表現で時間的な枠組みは説明していますが、同時に、その時間の概念を引っ掛けながら神ヤハウェによる主導を証言しているとも考えられます。以下は新約聖書からの考え方の援用となりますが、マルコ福音書で「神の支配」という表現をマタイ福音書では「天の支配」と言い換えています。マタイ福音書がユダヤ人キリスト者の共同体に由来しており、そのために「神」ということばの使用を避けようとしたためであるとも言われています。つまり、「神」という表現を直接に用いずに、神が存在すると信じられていた場所「天」を用いることで、「天」を間接的に「神」を意味する表現として使用したと理解できます。神存在を空間的な概念で表現しているのです。言い換えの動機は違いますが、「永遠」も「神」を指し示すことばの言い換えとして、時間的な概念に沿って用いられているとの理解を提案したいと思います。つまり、契約の永遠性は、時間的な継続の約束をともないながら、それは神ヤハウェによって裏書されている確かな契約であるとの表現なのです。このような理解に立てば、「永遠」は時間的な尽きない永続性の保証をしてくれる表現ではなくなります。したがって、聖書テクストが終了について何も言っていないのであれば、永遠という条件が付された契約の実際の有効期限はあいまいなまま放置されます。

第二に見方を変えて、契約は破棄されることがあるのかどうか、この観点から考えてみましょう。契約の基本には関係があります。契約では異質の二者が何らかの約束をします。その約束が達成されるためには、両者には互いに対するある種の信頼関係が求められます。この約束が破られたときに、両者の関係性は失われ、その契約は実質的に破棄されることになります。つまり、その契約の有効性は認められなくなるのです。このような考え方を旧約テクストの契約に当てはめても良いのでしょうか。各契約は、神ヤハウェからの一方的な呼びかけとして描かれています。その呼びかけは、神ヤハウェ自身が提示した行動を実現する約束です。しかし、角度を変えて言えば、この一方通行の契約という表現は、神ヤハウェはイスラエル共同体に対して一方的に破棄できることを意味しています。では、契約の受け手であるイスラエルからの破棄はありうるのでしょうか。すでに議論しましたが、イスラエル共同体は神ヤハウェからの祝福の約束を信頼によって受け止めるという受動的な決断をしています。投げかけと受け止めによって、両者の関係が形成されています。それは、受け止めた側の言動がその関係性を裏切るものであれば、その契約は破棄されることを意味しています。契約や約束は、どのような場合でも、それを結んだ人格・共同体の互いの信頼関係に基づいています。どちらかの言動でそれが裏切られれば、契約を維持していく意義そのものがなくなってしまいます（もちろん、それを回復する試みは可能ではありますが）。

実際、旧約テクストには契約の破綻が宣言されている記述が存在します。特に預言書にその特徴が表れてきます。ホセア書四章六節には、イスラエル共同体が神の律法（教えあるいは教示）を忘れてしまったので、神ヤハウェはイスラエルの子孫を忘れると述べられています。律法を無視してその精神を裏切り続けたイスラエルに対して、神ヤハウェは祝福をしないと言っています。エレミヤ書十一章十節にも、イスラエル共同体は神ヤハウェに従わずに、他民族の神々を礼拝していることへの告発が記述されています。それは、イスラエル共同体が神ヤハウェとの契約を破ったと理解されています。他の神々への礼拝とは、単に偶像礼拝という宗教的な意義だけを含んでいるのではなく、神ヤハウェの価値観以外の考え方を古代イスラエル社会に導入して、それを基に社会形成を目指したことも意味していると考えられます。どのような神（あるいは神々）を礼拝するのか、それはその共同体の土台となる方向性を決めていったからです。

ここで指摘したホセア書もエレミヤ書も、シナイ契約のことが念頭に入れられていると思われます。この契約の破綻の原因は、イスラエル共同体に求められています。イスラエル共同体にとって神ヤハウェとの関係の維持は、神ヤハウェへの服従として理解されています。神ヤハウェはシナイ契約を通じて律法という形式で自らの価値観を啓示しました。その生き方はイスラエルに神の意志が貫徹されることであり、その生き方こそ彼らにとって最も福祉的なものでした。互いを尊重し合い、互いに扶助する共同体の形成でした。しかし、イスラエルはそのような生き方を選ばなかったと断定されています。それは神ヤハウェへの信頼と忠誠を裏切るものであり、神ヤハウェのイスラエルに対する不信を生み出すものでもありました。そこには関係性の破綻がありますます。その破綻は、形式としては神ヤハウェからの宣言によりますが、その実質的な責任はイスラエル側にある、そのような筋道として描かれています。神ヤハウェは自らの契約に忠実ではあっても、それを破綻せざるをえないのは、契約を受けとめた責任を負いきれなかったイスラエルに存しているという基本的な考え方が表れています。

また、ここで契約に関するある見方が表現されています。それは、神ヤハウェはイスラエル共同体が他の神々と契約を結ぶことを認めていないことです。古代イスラエル共同体は神ヤハウェを礼拝することは忘れなかったはずです。神殿が建立され、そこでは祭司を中心に礼拝が行われていました。しかし同時に、旧約テクストの証言によれば、他の神々をイスラエル共同体は礼拝していたことが解ります。イスラエルが自ら契約を結んでその維持に努めている限り、他の神々との契約を結ぼうが構わない、神ヤハウェはそのようには考えませんでした。イスラエル共同体に対しては自らへの忠誠を排他的に求めました。これは聖書の契約を考える上で重要な特徴です。項目を改めてこの特徴については検討していきたいと思います。

このように、契約関係の破綻・破棄は契約の特徴からも可能ですし、旧約テクストもそれを語っています。ただし、課題は残ります。旧約テクストがシナイ契約の破綻を述べながらも、その後に律法の意義を残していることです。むしろ、律法の意義を再評価し、新たな機能を与えています。バビロン捕囚から解放されたイスラエルの民は、ペルシア帝国の支配の下、エルサレムを中心とした地域に自治を獲得します。その新しい共同体の中核に第二神殿を据え、同時に律法を共同体の指針としました（エズラ記・ネヘミヤ記）。シナイ契約は破綻したと理解された一方で、シナイ契約の内容として記されている律法に対して重要な社会的・宗教的役割が期待されています。また、ネヘミヤ記九章では契約ということばが使われています。これはシナイ契約を指していると解釈できます。バビロン捕囚によって契約は破綻してその意義を失ったという見解が預言書を通じて示されているにせよ、共同体の回復に契約の継続性を再び確認する見解が述べられているのです。もちろん、どちらが〝正しい〟見方なのかということではありません。それぞれが置かれた立場や状況によって見解が異なるだけです。ここでの課題は、契約の破棄という考え方そのものは理論的にもテクストとしても否定できないことを認めつつも、現実に契約が破棄されたかどうかという判断は、その判断する人たちや共同体に依存していることです。契約の有効性の評価が後の共同体によって違うことは、どの時点で契約が終了したのか、あるいはそれが継続し続けているのか、そのような議論に単純な決着をもたらすことはできないことを意味しています。

ここで、契約の継続性をキリスト教的な救済史から見ていきたと思います。これまで「大きな物語」からの契約の継続性について、旧約テクストの範囲に限って考えてきました。救済史的な視点から検討するとなると、新約テクストや教義学にまで守備範囲を広げなければなりません。それは本書の意図ではありませんが、これからの議論を整理する意味でごく短く考えることにします。

救済史は、神が人間を救うのに計画をあらかじめ立て、その計画に沿って歴史に介入するという考え方を前提にしています。神が旧約の時代に古代イスラエルと契約を結んだことは、この救済の歴史的な計画の一つと理解されます。教義学の違いは、その契約の性格や内容理解に違いを生みますが、その有効性に関しても議論を生みます。

例えば、旧約時代にシナイ契約で啓示された律法は新約時代においても有効なのかどうか、そのような議論があります。この議論は、本書の冒頭で説明した旧新約聖書の「連続性」と「非連続性」との考え方に由来しています。イエス・キリストによって実現した神の救済は時間を超越してすべての時代に普遍的に有効である、とする「連続性」を強調する神学的な立場があります。つまり、救済史的に見ればどの時代も一様です。そうなれば、新約時代に明確になった真理は普遍的に旧約にも何らかの形で示されているか、あるいは明示されていなくても有効になります。それは同時に、旧約時代に啓示されていた考え方の基本が新約時代においても有効であることを意味します。もちろん、現実の歴史的な違いが存在しますので、単純に旧約時代を新約時代に適用させることも、新約時代を旧約時代に適用させることもできません。しかし、何らかの神学的な工夫によって目に見える時代の違いを超えて、救済史の普遍性を表現する試みがなされます。したがって、その試みはいろいろと考えられるにせよ、契約や律法は新約時代に有効であるとされます。一方、聖書の内容を解釈してく中で、救済史自体に時代の違いを認める立場があります。それは、旧新約聖書の「非連続性」を全面に押し出していくことになります。イエス・キリストによる救済の意義を時間的に遡及させずに、新約時代に限定します。旧約時代の救済の意義は別の次元に求めます。ですから、旧約に示されている契約や律法の意義を新約時代に求めることはできなくなり、契約・律法の有効性はすでに失われていることになります。ただし、「連続性」を認める立場も、「非連続性」を主張する立場も、何らかの形で互いの要素を自らの内に取り込んでいます。それは歴史的な現実と神学的主張との狭間の中で完全には解決できない課題です。実際、いずれかの立場だけを採用する人々やグループは異端として排除されてきました。したがって、契約や律法の有効性を考えるときにも、ある種の曖昧性はどの立場でも残ります。

以上は、契約そのものが旧約の枠組みを超えて新約時代あるいはキリスト教会の時代に継続されるべきかどうか、という議論です。他の見方として、契約を神学的に再解釈することでその有効性を認めていく方策があります。ナタン預言（ダビデ契約）において、神ヤハウェはダビデ王朝を永遠に建てると約束していました。しかし、現実の歴史の中では、ダビデ王朝はバビロンに滅ぼされてしまいました。滅びた理由やその解釈はどうであれ、神ヤハウェの約束は果たされませんでした。そこで、神のメシア（キリスト）はダビデ王朝の末裔から登場するという考え方が導入されます。キリスト教会にとってメシア（キリスト）であるナザレのイエスはダビデ王朝の子孫として、真なる神の支配（王朝）を打ち立てました。それは霊的に滅びることはありません。歴史的なダビデ王朝は失われたとしても、神の救済史としての王朝はキリストの名によって不滅であり、新約時代に生きているのです。このような解釈は、文字通りの契約の破棄をいったん認めつつ、次元を変えることでその契約の有効性を主張する方策を採用しています。ここにも、一方では滅びてしまった現実があること（歴史）、その一方では神の約束は実現されるべきこと（神学）、両者の狭間を見ることができます。

聖書テクスト自体が契約の有効性ついて、そのテクストの立場によって違った意見を示していました。キリスト教的な救済史の見方においても同じです。神学的な立場、聖書解釈の基本的な考え方、その相違が契約に対する見方を多様にしています。それは契約の継続性の課題に直結しているのです。ただし、救済史の内容理解が統一されていないにしても、救済史という考え方そのものには共通した特徴を見出すことができます。それは、その見方に目的志向の姿勢が含まれていることです。その目的とは救済の完成です。旧約における契約はそこに向かうための一つの過程として位置づけられます。旧約の各契約の時間的な有効性がどうであれ、少なくともそれが結ばれた時点では、その契約は救済の完成を何らかの形で指し示していることになります。キリスト教会としてそのような側面から契約を理解することは仕方ないでしょう。しかし、そのような視点からでしか契約を理解しようとしないならば、それは問題です。契約の内容それ自体に神の意志が表現されているのであり、それは古代イスラエル共同体に生きる人々にとっては、未来に関わるとして理解する以前に、この人々の生活や社会に直接に関わることでした。この点を見逃してはならないと思います。しかも、契約の内容にはキリスト者にとっても意義を見出せる内容が多く含まれています。旧約時代の民も現代を生きる教会の民も、同じ神を信頼している「神の民」だからです。救済史の考え方はキリスト教会にとって重要ではありますが、そのような見方だけで聖書は十分に理解できませんし、契約の意義を知るのにも不足することが多々あります。

社会体制としての契約

これまで契約の継続性を見てきましたが、それをヒントにしながら、「大きな物語」に示されている社会体制から契約の性質を考えることにします。

旧約聖書の物語の部分は、古代イスラエルの歴史を物語として描いています。その「大きな物語」は物語の推移（時代）に沿ってその舞台を設定していきます。その舞台は語られている古代イスラエルの社会体制と理解することができます。設定されている各時代によってその社会体制が変化していることは言うまでもありません。もちろん、「大きな物語」が語る時代設定がその舞台となる時代をどれだけ忠実に反映しているのか、これは課題になります。旧約テクストが著され編纂された段階での事情・状況・神学がそのテクストに刻み込まれていると考えられるからです。そのようなことが考慮されながら、実際にこれまで、歴史学、考古学、社会学などを駆使して、古代イスラエルの歴史を再現する学問的な研究や学説が提案されてきました。それらは、旧約テクストの記述に従って議論された学説とは限っていません。物語と歴史とのかい離を意識させせます。ただし、旧約テクストはある程度、歴史を映し出していることも事実であると判断されます。本書は古代イスラエルの史的な意義については参考にしながら、「大きな物語」の舞台設定としての社会体制の視点から契約について考えたいと思います。

「大きな物語」の中で契約が結ばれた（あるいは言及された）時期（タイミング）を見ていきますと、時代の転換点つまり社会体制の変革期であることが解ります。この社会は安定期と変革期とを交互に迎えるように映ります。確かに、安定期だからと言って変化がまったくないわけではありません。また、ある時期が変革期に見えても、その内部では安定している要素は多々あるでしょう。しかし、何らかの理由で社会体制が比較的短い期間で急激に変わってしまうことはあります。それは、それまでの社会体制の内部で鬱積していた矛盾が表面化することでもあります。ある出来事などが刺激となり、変化を生み出し、人々の意識を変え、旧い社会体制で感じられていた矛盾が変化の方向性に多大な影響を与えます。古代イスラエルも例外ではありませんでした。

「大きな物語」について考えると、変化を語る舞台設定においては、それを強調する傾向を見ることができます。それは、一般の歴史物語でも観察される傾向です。安定した時期は劇的な出来事や変化も少なく、学術的な研究であればともかく、物語として語り継ぐには人々の興味を惹くことは難しいでしょう。また、安定期の価値観は人々にとっては当然であって、敢えてそれを語り直して新たな意味づけをする必要がないと感じられるはずです。しかし、変革期には人々が関心を深めるような出来事や変化が存在します。そこにはさまざまな意味づけがされる余地があり、実際にそれが語り継がれる中で、多様な解釈と意味を持ち始めます。歴史物語を語り聴いている人々の価値観の形成の過程がそこでは述べられ、それに対する意見も交錯します。そのような意味で変革期の物語は強調されやすいのです。

このような変革期に見られる契約にはどのような意義があるのでしょうか。変革後に到来する新しい社会体制のビジョンを示し、その体制を確立するための神ヤハウェからの承認（裏書）を見ることができます。社会の変化はある程度、これまでの枠組みからその方向性は予測できます。しかし、実際の動きそのものはどのように変化するのかは解らない部分が多いでしょう。例えば、サムエル記に記述されているように、古代イスラエルが王政を採用したときに、王を立てて統一王朝を建設することは大筋では人々のビジョンの中にありました。とは言え、誰が王として君臨するのかは解らなかったはずです。ベニヤミン族出身のサウルが王として認められたと思いきや、ユダ族のダビデが取って代わり、その王朝が続いていくことになりました。変化の具体的な内容・結果そのものは、そこに関わっている人々自身が予測できないことばかりです。そのような中で、新しい社会体制が生まれてきます。それがその社会において確固たる土台になるためには、その社会の主権者や参与者からの理解や支持が求められます。このような観点からすれば、旧約聖書の契約は、古代イスラエルが変化して生み出された新しい社会体制を安定させ、意味づける役割を担っていることが解ります。ですから、古代イスラエルの主権者である神ヤハウェが契約をイスラエルの人々に一方的に与える形式になっているのです。「大きな物語」の展開をベースにしながら、旧約テクストに記されている、ノア契約、アブラハム契約、シナイ契約、シェケム契約、ナタン預言（ダビデ契約）、新しい契約（エレミヤ書）から具体的に社会体制に対する契約の役割を見ていきます。それは、「大きな物語」の構想をたどることでもあります。

a　ノア契約（創世記九章）

神の裁きとしての洪水の後にノア契約が記されていますが、その意味を知るためには、この契約にいたるまでの創世記のコンテクストを考えなければなりません。創世記二章・三章には最初の人間の創造と堕罪について述べられています。四章から十一章まではその子孫たちの系図と物語になっています。系図と物語には、神ヤハウェを礼拝しつつも社会的に抑圧されている人々が登場します。その一方で、神ヤハウェを無視している社会的な支配者の存在も記されています。両者は対照的に描かれています。支配者たちは都市を建設し、鉱工業を起こし、文化を育成していったと旧約テクストは著します（創世記四章）。文明の開始です。文明には組織的な活動が必要とされます。それは、人が人を支配し搾取することで可能となります。しかし、そこに神ヤハウェを礼拝する被抑圧者の姿は描かれていません。人が人を支配する世界は暴虐と悪に満ちている、と神ヤハウェは嘆きます。そして、人間を創造したことを後悔します。そこで神ヤハウェはこの世界を一度は滅ぼしてしまい、そこで救われた者によって新たな被造物の秩序を創り直そうと試みます。それが洪水の意義です。創世記一章二節は、創造以前の状況に秩序とは無縁な大水があったことを示唆しています。そして、「ことば」によって神ヤハウェはこの世界に新たな秩序を与えました。洪水はこの大水の再現であり、洪水後の世界に新しい秩序がもたらされていきます。

その秩序は、神ヤハウェの人間に対する祝福（九章六節後半〜七節）とともに、人間による自然の管理の継続、肉食の解禁、人間による刑罰の開始として象徴的に記されています（九章一〜六節前半）。九章中盤では、神ヤハウェは人々や世界を二度と滅ぼすことはないと約束します。洪水のような世界の再創造を神ヤハウェは二度と起こさないと宣言しています。ノア契約で約束された新しい秩序は、そこで約束を得た人々や被造物（とその子孫）を通じて維持されていくのです。確かに、この新しい秩序においても、神ヤハウェを礼拝するが社会的な被抑圧者と神ヤハウェを否定する社会的な支配者とに分裂していきます。それはまた、洪水以前のような状況を生み出したと聖書は語ります。しかし、ノア契約で約束されていた通り、今度は滅ぼすことで問題の解決を図りはしませんでした。神ヤハウェに関わる被抑圧者を選び、そこから「神の支配」を実現しようと神ヤハウェは試みます。そのような意味で、ノア契約は洪水後の新しい秩序に対する保証の象徴であり、「神の支配」への道筋をつけています。

b　アブラハム契約（創世記十五章）

「大きな物語」はアブラハム物語において、原初史における当時の世界大の視点から、神ヤハウェによって選ばれた一家族に対する極小の視点へと変化します。それは、「大きな物語」の第二のシナリオにしたがって理解すれば、古代イスラエルと土地カナンとを結びつけるためであり、アブラハム契約にはそのような役割が期待されています。しかし、この契約を大きな意味で、イスラエルの社会体制の変化という観点から見ることもできます。

アブラハムは父テラとともにメソポタミアの大都市ウルを出発し、大河をさかのぼって街道を進んだことが記されています（創世記十一章）。それは経済難民としての移動であったと推察されることはすでに述べました。最終的にはカナン地方に移住し、小家畜飼育者として生きていくことを強いられます。アブラハムにつながる血縁一族や奴隷によって構成される小規模の共同体がアブラハム物語では描かれています。このような状況は「社会体制」と呼ぶには貧弱ですし、実際に大きな社会とは言えません。ただ、小規模とは言え共同体を形成しているという意味では小社会であり、社会体制の一つの形ではありましょう。そのような生活の中で、アブラハムは神ヤハウェから子孫の増加を約束され、その子孫がカナンの土地を所有することも宣言されます。それは言い換えると、小規模共同体から民族という大きな規模の共同体へのビジョンの提示であり、この変化のための準備段階ということになります。確かに、アブラハム自身は都市生活者から小家畜飼育者へと変わっていったと聖書テクストは語り、古代イスラエルのメソポタミアとの関係の深さを示唆していると思われます。しかし、その点の強調よりも、アブラハム契約は未来に向けての社会体制の変化を語ろうとします。古代イスラエル民族の形成の根拠をアブラハム契約は与えているのです。

c　シナイ契約（出エジプト記〜申命記）

すでに「大きな物語」におけるシナイ契約の意義については説明した通りですが、短く再確認します。エジプトで奴隷とされた民は、「大きな物語」としてはアブラハムの子孫として描かれています。しかし、解放された人々にはその血縁関係ではない人々も含まれていたことは聖書テクストが証言しています。エジプトを脱出した人々は民として形成されていませんでした。しかし、その人々は生きていかねばなりません。そのために神ヤハウェはこの人々を神の民として形成し、そこに自らの価値観を実現しようと試みました。それがシナイ契約の意味と考えます。小さな共同体レベル、氏族レベル、部族レベルであった人々の共同体が、神ヤハウェの下で民族として形成されていくステップとしてシナイ契約は位置づけられます。ただし、これは民族形成への初期の段階であることは強調しておきたいと思います。一つの民としての理想が「大きな物語」としてシナイ契約では表現されていますが、ヨシュア記・士師記・サムエル記を見ていきますと、これらの聖書テクストはまだ民族形成の途上であったことが解ります。出エジプト記においても、民族の形成は完成しておらず、その統一性の記述は理想の反映であると理解しておくべきです。

ただ、いずれにせよ、シナイ契約が民族と形成という社会体制へ向かうための変化として描かれていることは重要です。

d シェケム契約（ヨシュア記二十四章）

カナン定着の戦いを導いたヨシュアの死に際して、イスラエル共同体が神ヤハウェに忠誠を示し続けていくように誓いを立てる場面で結ばれた契約です。イスラエルの指導権はヨルダン川東岸でのモーセの死とともにヨシュアに委譲されました。そしてイスラエルはカナン占領と定着のために軍事行動を行ったことがヨシュア記に「大きな物語」として記録されています。この戦いは士師記に向けて続いていきますが、シェケム契約は放浪から定着という過程の中で結ばれていきます。

シェケム契約だけでなく他の箇所でも、イスラエルが神ヤハウェを裏切ってしまう危険について繰り返し警告されています。小家畜飼育者としての放浪生活から土地カナンに定着して、大多数の者たちは農耕を始め、ある者は都市に居住することになっていきます。歴史的に見れば、すでにカナンの定着民であって、そこからイスラエル共同体に参加した者もかなり多く存在したと推察されます。このような社会の変化は、イスラエル共同体の宗教にも影響を及ぼしていきました。農耕の神であり豊穣の神であるカナンの神々への礼拝は、富と権力を蓄えていく新しいイスラエルの社会体制にとって、奴隷の味方をする神ヤハウェへの礼拝よりも有利であったと考えられます。豊穣の神々は富や権力を認めてくれるからです。そのような状況の中で、イスラエル共同体は神ヤハウェへの忠誠を確認し、土地への定着という新たな状況を前にして契約を結ぶ必要がありました。

e　ナタン預言（サムエル記下〈第二〉七章）

すでに検討したように、統一王朝以前の古代イスラエル共同体の歴史的な状況は、「大きな物語」がはじめからその統一を主張しているのとは違い、部族・氏族・小規模な共同体の連合体であったと考えられます。ヨシュア記と士師記の記述はそのような状況を消極的に評価する立場から描いています。この時代、東のメソポタミアの帝国も西のエジプトの王朝もカナン地域に勢力を伸ばすことができなかったようです。したがって、さまざまな部族や民族が入り乱れて、互いに政治的・経済的な力を拡張するために競い合っていました。そこにイスラエル共同体も加わっていたのです。このような争いを聖書テクストは戦争の形で表現しています。その戦いはイスラエルにとっては楽なものではなく、むしろ困難を惹き起こすものでした。イスラエル共同体の人々はその原因の一つとして、自分たちが統一した王朝を持っていないことを挙げます。各部族が自治権を有している中では、軍事的には力が弱いままです。むしろ、部族・小規模共同体が一つとなって戦う方が、自分たちの安全が守られると考えました。そこで、人々はイスラエル共同体を統一的に支配する王を求めます。そして、ベニヤミン族からサウルが王として指名されます。しかし、このベニヤミン族の政権はユダ族の反乱によって内戦に巻き込まれ、結局はユダ族に滅ぼされてしまいます。ダビデを王とするユダ族は、その出身地である南方地域をまず統一し、さらに北方地域のイスラエル諸部族を傘下に収めていくことに成功します。ダビデ王朝によって古代イスラエルは王政という政治・社会体制の下で統一されたのです。

この王政という新しい支配体制について正統性が求められました。特に、ダビデ王朝はサウル王朝を武力で倒していますので、なおさらその正統性を必要としました。そこで預言者ナタンが神ヤハウェによってダビデに遣わされます。ナタンのことばは、ダビデ王朝を神ヤハウェが承認し、その確立と永続を保証する内容になっています。つまり、ダビデ王朝は神ヤハウェによって正統性が与えられたのです。王政は古代イスラエル共同体にとっては、社会の大きな転換点となりました。政治的には支配―被支配の一元化が促進され、中央集権化が進められていきます。経済的には富者と貧困者との分離が明確になっていきます。宗教的にはエルサレム神殿を中心とするシステムが構築され、ダビデ王朝を核とする神学が生まれていきます。このような社会的な変化に対する神ヤハウェの応答は預言者たちのことばによって表現されていくことになります。そこでは王政の失政や社会の堕落が告発されています。場合によれば、王政という政治体制自体への非難も消極的に語られます。しかし、王政そのものは神ヤハウェによって退けられることはありません。ナタン預言は王政という社会体制を政治的・宗教的に支える重要な基盤の一つとなりました。

f　新しい契約（エレミヤ書三十一章）

預言者エレミヤはイスラエル共同体（ユダ王朝）の滅亡を警告します。社会の混乱、宗教的な堕落、外交の失策などさまざまな要因がそこでは言及されています。同時に、他の預言者たちとともに、イスラエル共同体の回復をも語ります。その内容について具体的に語られることはないにせよ、神ヤハウェのイスラエルに対する回復の約束は繰り返し述べられているのです。そのような文脈の中でこの「新しい契約」は記されています。

イスラエル共同体は神ヤハウェとの契約を破棄してしまったと宣言されています。この箇所では律法のことが意識されていますので、この契約は具体的にはシナイ契約が考慮されていると推察されます。神ヤハウェはイスラエルを祝福しようとしましたが、イスラエル共同体は律法を通じて示されている神の意志に逆らい続けたことが旧約テクスト全体に述べられています。つまり、神の価値観が実現することをイスラエル共同体は拒絶したのです。それは両者の関係性の破壊を意味しました。しかし神ヤハウェは新たな提案をイスラエル共同体に行います。それは新しい契約を結ぶことでした。この契約はシナイ契約とは違うと言われています。その違いは、シナイ契約で示された律法が石に刻まれていたのとは対照的に、新しい契約の律法は人々の心に記される、とされています。シナイ契約の律法が人々の生活や社会から遊離していたのが、新しい契約の律法は人々に共有され、その精神が生活や社会に根づくのです。

エレミヤ書は律法を高く評価しています。その律法を核とするイスラエル共同体のあり方が述べられています。そのような新しい契約の時代がいつ来るのか、どのような社会体制の下で新しい契約が結ばれるのか、具体的な事柄は記されていません。そのようなことには関心がないのかもしれません。むしろ、どのような社会体制にあっても、神の意志・価値観が貫徹される社会の基盤が構想されています。そのような意味で、まだ何も見えないとは言え、「新しい契約」は革新されたイスラエル共同体の社会体制を指し示すビジョンとして提示されているのです。

以上のように、契約は社会の変化から生まれる新しい体制の土台作りとしての意味合いを持ちます。したがって、時間が経過し、その新しい社会体制が古くなって存在意義が失われることで、その契約の意味が実質的に喪失してしまうことがあったと考えることができます。一方で、一度定められた契約の内容が形を変えて後代に影響を与えていきました。律法は解釈を変えることでユダヤ社会において尊ばれました。ナタン預言はダビデ王朝の滅亡とともにその有効性がなくなったはずですが、イスラエル共同体の回復ともに、その象徴として再び取り上げられるようになりました。契約の継続性はそのような意味で、実質性と象徴性という二面性があります。契約が定められた意味そのものと、その定められた元来の意味の解釈が後代に変更されて新たに生み出された意味です。各契約の後代への影響においてこの二面性が混乱して理解されてしまうことが多いように思います。ですから、両者を整理しながら契約の意義や継続性について理解する必要があります。

C　シナイ契約について

十戒をはじめとする律法が記されているシナイ契約そのものについて考えていくことにしましょう。シナイ契約は出エジプト記に述べられている神ヤハウェと古代イスラエル共同体との契約です。

シナイ契約の特徴

聖書の契約を説明した際にすでに述べましたが、復習の意味も込めて、シナイ契約の特徴として大まかな二点を挙げて概観していきます。シナイ契約を考える上で基本となるからです。「大きな物語」としては、以下のような契約に関わる出来事の推移が記されています。エジプトの脱出、荒野での出来事と生活の記述の後に、出エジプト記十九章にイスラエルの民はシナイの荒野にたどり着いたという記述があります。四節以下で、神ヤハウェは突然のように、このイスラエル共同体と契約を結ぶことを提案します。神ヤハウェがエジプトからの解放において主導権を握っていたように、契約の締結においても一方的に語りかけます。イスラエルの民が神ヤハウェの価値観に生きるように命じ、この人々に対する祝福を約束します（祭司の民、聖なる民）。それに対してイスラエルの人々は、神ヤハウェの命令に従う旨を答えます。そして契約に必要な手続きが伝えられ、「十戒」（二十章一節以下）と「契約の書」と呼ばれる法令集（二十章二十二節以下）が神ヤハウェのことばとしてモーセを通じて語られます。そして、二十四章に入って契約が正式に結ばれます。

シナイ契約の締結をめぐる物語によって、この契約が当事者同士の合意ではないことが解ります。売買契約の場合、その契約を結ぶ前に、当事者たちはその契約内容の条件について合意を得るまで話し合います。両者が納得できる合意に達することができれば、契約を正式に結びます。合意に達することができなければ、少なくともその時点では契約は締結しない結論となります。しかし、シナイ契約では、神ヤハウェからの契約締結のための提案と条件の提示があるだけで、契約の条件交渉は提案されていません。形式的な両者の関係（出エジプト記十九章四〜八節）は、神ヤハウェからの祝福の提案とその条件の提示であり、イスラエル共同体にあってはそれに対する応答と責務の履行になります。この形式だけを見ていくと、イスラエル共同体が条件を満たすことで、その見返りとして神ヤハウェは祝福をするように理解されます。この記述をどのように理解すべきでしょうか。すでに議論したように、聖書の契約は売買契約とは違い、その目的は関係性そのものです。もし何らかの条件を満たすことで関係が維持されていくとすれば、それは本質的には売買契約と同じになってしまいます。実際、神ヤハウェの提示が祝福を見返りや報いとする条件と考えるならば、イスラエル共同体はその条件を破った瞬間に祝福の約束を失い、神ヤハウェとの関係は切れてしまうはずです。しかし、神ヤハウェは何度もイスラエル共同体の裏切りに忍耐し、人々への祝福の機会を繰り返し設けます。シナイ契約の内容は律法として啓示され、その律法に対する尊重が求められています。それは、イスラエル共同体の生き方を示しているのであり、その生き方そのものが人々の生活や福祉を良いものとすることを意味しています。そのような生き方を選択しないのであれば、人々は問題を抱えたまま生きていくことになり、神の価値観の実現という（人々にとって最も幸いな）祝福を経験できなくなるのは当然の結果です。ですから、ときに束縛とされてしまう律法も神の賜物として理解されるのです。合意なき契約は近代に生きる者から見れば不合理でしょうが、この古代の形式にも当時の人々には、賜物という大切な意味があったと考えられます。

「大きな物語」には、古代イスラエル共同体の変遷を歴史的に語るという形式が採用されています。各々の歴史的な状況や社会体制に見合った形で神ヤハウェは契約をイスラエルと結びます。「大きな物語」の観点からすれば、シナイ契約はイスラエル共同体が民族形成をしていく準備段階として位置づけられます。人々が民族として集まるにはさまざまな社会的な条件が必要です。実際には、生活の可能な土地の取得、民族内部の経済的な相互関係、政治体制の確立が求められます。また、民族としての一体性を形づける物語の共有も必要でしょう。そのような中で、法を整備することも不可欠です。法はその社会の規範で、社会秩序を守ります。倫理・道徳・慣習なども広い意味での法ですから、法がすべて文字に記されているわけではありません。しかし、その規範が社会の中で客観的に適用されるとか、物理的な強制力を持たせるようにするためには、その法を文字として文書化する必要があります。このような見方をすれば、民族形成のためのシナイ契約という性格の中に、律法という形で法としての規範が記されていることは不思議ではありません。旧約律法が人々の生活を束縛して自由を奪うものとして扱われてしまうことがあります。律法も法ですからその社会に生きる人々を規制するという意味では、人々を束縛していることは事実です。しかし、その社会的束縛は、どのような時代のどのような地域でも当然のようにして存在しています。逆にそのような法による社会的な規制がなければ、その社会は困難に陥り人々は安心・平和に暮らしていくことはできなくなります。キリスト教の伝統として、律法は律法主義を生み出すものとして理解されがちです。それはある面では事実ですし、旧約律法を尊重する後代のユダヤ社会に実際に起きたことです。イエスはそのような律法主義的な社会の生き方を厳しく告発し、対決しました。しかし、社会の規範としての律法の規制・束縛と律法主義とを混同してはなりません。両者を混同することで、「大きな物語」において律法が定められた意味が忘れられてしまい、新たな律法主義を生む土壌を作っていくことになります。社会の秩序を守り、そこに暮らす人々の生命・身体・生活を守る律法という規範のあり方は、その規範によって人々を差別してしまう律法主義とはまったく相反する考え方です。

もう一点、規範としての律法の意義を短く考えてみたいと思います。律法は現実に人々を規制する目的がありますが、それはその社会・共同体の価値観に基づいています。何を規制すべきなのか、どのように規制すべきなのか、それは社会が抱える課題によって変わりますし、その対処の仕方はその社会の基本的な考え方によって違います。例えば、殺人などはどの社会でも禁じられますが、薬物などは国家や社会によって規制が違います。逆に言えば、法を見ていくことで、その社会の価値観を知る手がかりとなるのです。シナイ契約の場合、旧約律法を観察していくことで、神ヤハウェによってもたらされたシナイ契約の価値観、つまり神ヤハウェの名によって宣言されている社会的なあり方が見えてくることになります。次章以降で詳しく検討しますが、これは非常に重要であると思います。後代のユダヤ社会では、律法を「神を愛すること」と「隣人を愛すること」とにまとめることができるとされ、イエスもこれを積極的に認めています（マルコ十二章二十八～三十四節）。角度を変えて言えば、律法はこの二つの原則に沿って成り立っているのであり、そこから律法を解釈しなければならないことを意味しています。この二つの価値観が律法を表現しているというよりも、その土台を作っているのです。

シナイ契約の様式

聖書の契約の様式（形式）は、シナイ契約において特徴的に表れています。他の契約については、神ヤハウェからのことば（約束とその内容）だけであったり、イスラエルの民の応答が短く記されたりしているだけです。G・E・メンデンホールによれば、シナイ契約は古代オリエント契約（宗主権条約）を参考にしているとされています。宗主権とは、ある国が他国（属国や植民地）の内政・外交にわたる行政を支配・管理する権能を意味します。メンデンホールによって参考にされた条約は紀元前十五世紀～十三世紀頃のヒッタイトと周辺諸国（小アジア、シリア北部）との間の条約であり、その中でもシナイ契約の影響を与えた条約は、シリアのアララクの二つの条約――ヒッタイトの諸条約（紀元前一四五〇年～一二〇〇年）／ラス・シャムラの諸条約――であると言われています。

a　宗主権条文との比較

宗主権条文の特徴

①序文　「大王」の名と称号
②歴史的叙述　条約の先例、「大王」の過去の恩恵の起想
③「封臣」に課せられる条項
④条約文書の神殿供託と公的朗読規定
⑤承認としての神々
⑥呪いと祝福

この比較を積極的に承認する立場は、①大王は神ヤハウェ　②歴史的叙述はエジプト脱出の出来事　③封臣はイスラエル共同体であり、条項は律法　④祭儀律法　⑤証人の存在――ヨシュア記二十四章二十二節　⑥申命記二十七～二十八章などの記述がそれぞれ適合すると主張します。

宋主権条約は国家の対等な条約（契約）ではありません。宗主国と呼ばれる支配者側の国家が、支配を受けている属国・植民地に対してその支配・保護の内容を決めています。このような条約は当事者相互の合意に基づいてはいません。互いに条件を出し合って交渉することは政治的な現実としてあったかもしれませんが、形式としては交渉の余地を認めてはいません。契約（条約）の主導権について絞って考えてみても、宗主国の立場が神ヤハウェで、属国の立場がイスラエル共同体とするならば、聖書の契約の主導権の考え方と重なり合うとは言えるでしょう。

その一方で、宗主権条文とシナイ契約を比較し、後者は前者の特徴の一部しか有していないと

いう結論を下して、影響を認めない立場も存在します。確かに、シナイ契約の形式はそのまま例として挙げられている宗主国条約に従ってはいません。ただし、一般的に言えることは、聖書テクストは当時に中東世界の世界観、社会体制、文化から遊離していたわけではないことです。古代イスラエル共同体は、周辺の諸文化の枠組みの中で生きていました。聖書テクストもその影響のもとに著されていきました。むしろ、その影響を受け止めて、それを「大きな物語」の中で神ヤハウェの価値観に沿うように改変していると言えます。当時の社会的状況に従うと同時に、そこにヤハウェとの関係の独自性を浮き彫りにする方策が採用されています。契約の形式においても、そのような可能性を認めることはできると考えられます。

b　シナイ契約の形式

シナイ契約の形式は以下のようになっています。十九章から二十四章が契約の締結ですが、三十四章で再び契約の締結について述べられています。

出エジプト記十九章以下 シナイにおける神の顕現
①契約への呼びかけ　十九章三節以下
②神ヤハウェの自己啓示　十九章三節、二十章二節

③歴史の記述　十九章四節、二十章二節
④律法の朗読　二十章三節〜二十三章十九節
⑤祝福と呪い　二十三章二十〜三十三節
⑥契約の締結　二十四章一〜十一節
αイスラエル長老七十人の神の面前での契約の食事　⇩山での民の代表者との契約締結
βモーセによる神のことばの伝達
γ十二の石柱の建立　十二部族との契約
δ犠牲・血の儀式
ε「契約の書」の朗読・民の応答

出エジプト記三十四章「金の子牛」事件の後の再契約
①律法授与の行為　一〜九節
②律法の規定の提示　十〜二十六節
他民族との契約の禁止／祭りの規定／安息日の規定
③契約の再締結　二十七〜二十八節
④神ヤハウェの命令の告知　二十九〜三十五節

一度、二十四章で契約が締結されますが、その後「金の子牛」事件が起こり、契約が再び結ばれます。「大きな物語」からすれば、この事件はイスラエルの神ヤハウェに対する背信の歴史を反映していると言えます。王朝としてのイスラエル共同体の滅亡（北イスラエル王朝だけでなく、南ユダ王朝を含めて）という裁きの出来事の根っこが、シナイ契約の締結直後のイスラエルに存在していたと表現しています。イスラエル共同体の性格が、最初の出来事から描かれているのです。

加えて、さまざまな人々が逃亡の民に加わっていたわけですが、その中から神ヤハウェに従う者とそうでない者とを明らかにする役割を、この「金の子牛」事件の記述は担っています。この振るいによって明らかにされた神ヤハウェに従う人々との契約が再び結ばれた、という「大きな物語」としての文脈になっています。また、神ヤハウェはイスラエル共同体を一度は見捨てようとしますが、それを撤回します。契約の再締結は、神ヤハウェのイスラエルとの関わりの継続も意味しています。ただし、再契約で示されている律法の内容は、出エジプト記十九章から二十三章で示された内容とは違いますし、とくにイスラエルの他民族への排他性や宗教的な儀式について強調されています。

契約内容の基本ライン

シナイ契約の内容は律法に詳細に述べられており、契約の基本ラインともいうべき考え方はその律法に表現されています。もちろん、それは十戒にも表されています。ここでは、その大枠を三つの観点から短く見ていくことにします。

一つは、古代イスラエル共同体が礼拝すべき神は、神ヤハウェ唯一であるという考え方です。これは、イスラエル共同体がその社会の土台とすべきは神ヤハウェが示す価値観だけである、という意味です。イスラエルが神ヤハウェのみを礼拝するのは当然である、と旧約聖書の読者は感じるでしょう。敢えてそのようなことは指摘するまでもないと思われるはずです。なぜならば、旧約聖書のどこを読んでも神ヤハウェのみを礼拝するという内容に満ちているからです。それに逆らう考え方や行動は一方的に断罪されています。しかし、見方を変えて述べるならば、旧約テクストが著され、正典として編纂される中で、神ヤハウェのみを強調しなければならなかったとも言えます。そのような主張を打ち出すことで、捕囚から立ち直ろうとしていた新しいイスラエル共同体にビジョンを与えているのです。

聖書テクストを読み進めると、古代イスラエル共同体の多くの人々が神ヤハウェだけを礼拝していたわけではないこと、そのような礼拝が最も大切な考え方とされていなかったことが解ってきます。特に王朝時代の記述（列王記、歴代誌）を見ていけば、そのことが明確になります。イスラエル王朝はダビデとソロモンの治世において統一されていました。ソロモン時代にエルサレムに神殿が建立され、王朝分裂後も神殿で礼拝がささげられていきます。北イスラエル王朝でも独自の神殿で神ヤハウェ礼拝は行われていました。同時に、各王朝はカナン宗教の神々をも礼拝していたことが聖書テクストには記されています。他の神々の礼拝は偶像礼拝として強く非難され、神ヤハウェがイスラエル共同体に行った裁きの理由ともされています。神ヤハウェへの礼拝を停止してカナン宗教の神々への礼拝が行われたわけではなく、並行的に礼拝が同じ場所でささげられていたと考えられるでしょう。王朝時代はこのような宗教的な状況が当然とされており、神ヤハウェのみへの礼拝という考え方は少数派であったと思われます。人々にはカナン宗教に対する罪意識はなかったとも推測されます。むしろ、それは良いことであり、しなければならないこととして扱われていたと考えられます。そのよう意味で、当時に生きていたイスラエルの人々の考え方と聖書テクストの主張とには大きな落差があったと見るべきです。聖書テクストは、神ヤハウェを「情熱の神」「妬む神」として描き、カナン宗教の神々への礼拝を決して認めようとはしません。それは一見して、宗教的な意義から偶像礼拝を拒絶しているような印象です。それ自体は間違いではありませんが、神ヤハウェは自らが示す価値観の他にイスラエル共同体がその基盤とする価値観はありえない、というような社会的な見地から偶像礼拝の課題を見ることもできます。ある民族や氏族が共同体としてある神（あるいは神々）を礼拝していることとは、その神の名によって発せられている社会的な価値観に沿って生きることを意味しています。逆に言えば、自分たちが理想とする生き方をその礼拝に反映させているとも言えるのです。カナン宗教の神々は農業を基盤とする豊穣の神々で、富や権力を積極的に承認する神々でした。そこには富の集中・独占があります。しかし、神ヤハウェは抑圧されている人々を解放し、そのような人々が生きるために共同体を形成するように求める神です。十戒の安息日規定の箇所で後述するように、神ヤハウェの価値観には分配の理想が示されています。カナン宗教の礼拝と神ヤハウェへの礼拝とは根本的に生き方が違うのです。神ヤハウェとはまったく違う価値観が古代イスラエル共同体を侵食することは避けねばなりませんでした。そうでなければ、イスラエル共同体は「神の支配」に生きることはできなくなってしまいます。また、そのようなことが現実に起きたと聖書テクストは証言しているのです。カナン宗教の神々への礼拝は、ヤハウェへの忠誠への欠落（契約の不履行）ばかりでなく、共同体・民族として神ヤハウェの価値観・本質を拒否したことになります。

以上のように、シナイ契約の記述は古代イスラエルの社会的・宗教的な現実を否定して、神ヤハウェだけを礼拝し、その価値観だけを認めるようにイスラエル共同体に求めています。聖書の読者にとっては「神ヤハウェのみ」は聖書の当然の姿と思われますが、むしろそれは旧約聖書の最も基本的な主張であると読み取るべきです。その主張がシナイ契約とその内容である律法において強調されているのです。

次に、唯一の神ヤハウェを礼拝することに対応して、神ヤハウェの民は一つであるという基本ラインも存在します。すでに述べたように、歴史的に見れば、イスラエル共同体が一つの民族意識を持って統一されていくのは王朝時代であったと考えられます。王朝時代において、政治・宗教は中央集権化が促進され、各部族の自治権は失われていきました。経済・社会については、社会層の分化が進み、社会的な対立の軸は部族・氏族同士の横の関係から、支配層と被支配層という縦の関係へと移行していきました。それまでは部族・氏族・小規模共同体のレベルで自治が行われていました。神ヤハウェへの礼拝が共有されていたとは言え、宗教的にも統一された形にはなっていなかったことが示唆されています（士師記十七章）。しかし、シナイ契約の記述においてイスラエルの人々は一つの共同体として描かれ、聖なる者であり（レビ記十九章）、選ばれた民であるとされています（申命記七章）。聖とは俗に対することばで、元来は非日常を表現する概念です。俗である日常から取り分けられたという意味です。聖なる民とは、神ヤハウェによって他民族とは違う共同体にされることです。選びも同じようなことを示していると言えるでしょう。イスラエル共同体は他民族と同じであってはならないのです。それは、神ヤハウェによる「神の支配」の達成によるものであり、他民族とは社会的な価値観が違うのです。選びは神ヤハウェの祝福を独占するためではありません。

イスラエル共同体がそのような選び分かたれた神ヤハウェの民であることをシナイ契約は民の一体性として描いているのです。歴史的な状況からイスラエル共同体を記しているわけではありません。ただし、この一体性の自己理解は契約共同体としての要素だけでなく、血縁関係の要素とも結びついていきました。それは、ヤコブの息子たちに由来する十二部族として述べられています。人々の意識として契約関係よりも血縁関係を強調する方が、より説得力をもって自らのアイデンティティを理解することができたでしょう。民族が形成される重要な要素として、その民族の正統性を証明してくれる物語を共有していることが挙げられますが、血縁物語はそのような機能を果たしたと考えられます。契約概念と血縁概念は次元を異にする考え方ですから、互いに排斥し合うとは限りません。血縁共同体がそのまま契約共同体となっていると考えることができますし、実際、旧約テクストの読者の多くは古代イスラエルをそのように捉えているでしょう。同時に、どちらかの考え方が優先されていくときに、片方の考え方が骨抜きにされていく可能性もあります。これも旧約テクストの読者には、血縁関係に基礎を置くイスラエル共同体という印象が強く、契約共同体という概念は薄くされているという印象を持たれているのではないかと思います。「大きな物語」ではイスラエルの「先祖」ということばが頻繁に登場しますし、十二部族の先祖は兄弟であるとされています。しかし、シナイ契約が考える民の一体性は契約概念に求められるべきであると考えます。それは、聖書の契約の目的・意義が関係性そのものですので、その視点から民の一体性を理解するべきことを意味しています。神ヤハウェはイスラエルという共同体との関係性を求めました。そして、イスラエル共同体に対して、そこに参与する人々がともに神ヤハウェの価値観によって生きていくことを望みました。それが人々にとって最大の福祉であると神ヤハウェは考えているからです。契約には、人々がともに生きることが含まれています。この重要な要素なくしては、契約を結んだイスラエル共同体の血縁理解は意味をなさないと考えます。契約概念と血縁概念とを調和させるというよりも、契約概念を優先させて聖書テクストが述べる民の一体性を理解すべきです。

シナイ契約のもう一つの基本ラインとして、民の一体性の考えと関わりますが、イスラエル共同体内部のシャロームの形成を挙げておきます。ここでは特に「内部」に焦点を絞って考えてみたいと思います。シャロームは通常、日本語では「平和」と翻訳されるヘブライ語（旧約テクストの原語）です。確かに、多くの場合は戦争や争いがない状態を表現しています。しかし、シャロームはそのような状態だけを指示するのではなく、調和であるとか統合といった概念を表していると考えられています。共同体の中で有機的な関係性が理想的に機能している状態です。シナイ契約では神ヤハウェとイスラエル共同体との関係が第一に置かれていますが、共同体において神ヤハウェへの価値観の実現を目指しているという意味では、その内部（共同体に参与している人々の関係性）はつねに意識されています。実際、律法の内容について見ていくと、神ヤハウェとイスラエル共同体との関係をさまざまに規定していると同時に、共同体内部に生きる人々同士の関係をも規定しています。シナイ契約は共同体内部のシャロームを形成することに強い関心を寄せています。それは、シナイ契約が古代イスラエル民族の形成を目指すために与えられたという、「大きな物語」の文脈に沿っているからです。イスラエル民族が「神ヤハウェの民」として生きていくこととは、その神ヤハウェの価値観に生きていくことです。その生き方こそがシャロームであるとシナイ契約は述べているのです。

内部におけるシャロームへ関心を示すことで、シナイ契約はイスラエル共同体以外の人々への積極的な関わりは強調していないように思われます。旧約テクスト自体は、創世記十二章や預言書の中で、イスラエル共同体の外にいる他民族に対して祝福を約束しています。イスラエル共同体は神ヤハウェの価値観に生きることによって、諸民族に対する祝福の実現の中心的な役割を果たすようになると述べられています。イスラエル共同体のそのような生き方を通して、諸民族は神ヤハウェのもとに集められます。しかし、シナイ契約にはそのような考え方は基本的には述べられていません。むしろ、他民族との関係について消極的に記されていることがあります（申命記二十章十七節）。神ヤハウェの価値観を脅かす危険の一つは共同体の外部に由来しているという認識がありましたから、それに対する予防措置として他民族との関係を厳しくしておきたいと、そのような考えが生まれたのでしょう。イスラエル民族の形成という段階を考慮すれば、内部への関心の集中、外部の影響からの自己防衛という傾向が見られることは避けられないことであったと考えられます。

旧約聖書への影響

神ヤハウェのみの礼拝という基本ラインは、旧約聖書の最も重要な神学になっています。そのような意味で、シナイ契約の旧約聖書に対する貢献は多大です。神ヤハウェの性格からして、もともとイスラエル宗教において神ヤハウェのみという礼拝が支配的に存在していて、シナイ契約の記述はその反映にすぎないと判断する方々も多いでしょう。しかし、これまで見てきたように、聖書テクスト自体がそのような考え方を積極的には評価していないように思われます。古代イスラエルは歴史的には他の神々への礼拝が行われ、それが当然とされる社会であったと聖書テクストは証言しています。そのような状況を否定し、神ヤハウェのみへの礼拝を肯定する、そのような考え方が明瞭に記されているシナイ契約が「大きな物語」を支えていると理解をしておきたいと思います。思想的に見れば、王朝時代まで少数派であった神ヤハウェのみという神学的な立場が、バビロン捕囚の終了後に立ち上げられた新たなイスラエル共同体の核となる考え方となったと推察されます（申命記神学）。そして、正典文書が現在の形になるまでの間に、神ヤハウェのみという神学理解がシナイ契約という聖書テクストに反映させられていったと見ることができます。

シナイ契約と他の契約との関わりについて、どれかの契約に特別に優先性が与えられるべきだと考える必要はありません。聖書の契約は「大きな物語」における各々の時代に応じて定められ、その社会体制のビジョンを示しています。社会が変化し、そのビジョンに有効性が認められなくなれば、その契約の歴史的・現実的な意義は失われていきます。シナイ契約について考えると、「大きな物語」における民族レベルでのイスラエル共同体の形成に第一の意義を認めることができますが、王朝が開始して民族意識が人々に共有されれば、その歴史的な影響力は終わるはずでした。このような歴史的な過程は他の契約においても同様に理解すべきです。アブラハム契約は、古代イスラエル共同体がカナンの土地を獲得すれば、それで約束は果たされたことになるはずです。定着後には新たな契約が求められることになります。実際、土地への侵入の段階でシェケム契約が結ばれ、王朝開始の段階ではナタン預言（ダビデ契約）が与えられます。

しかし、神学的・思想的な影響が残っていく場合があります。各契約にはその本来の意図がありますが、同時にそこには具体的な内容がともなっています。その内容のある部分が契約の一義的な意図から分離させられ、伝承されていきました。しかも、その伝承のほとんどは、本来は契約が期待していた内容の理解から変化します。シナイ契約は、「大きな物語」における民族形成の枠組みを飛び越えて自らの影響を聖書テクストに残しています。第一に、神ヤハウェのみという考え方です。これはすでに指摘した点なのでここでは割愛するとともに、十戒（第一戒）を見ていく中で改めて詳しく考えていくことにします。

第二に、旧約聖書の歴史観にシナイ契約の考え方が表現されています。ヘブライ語聖書では「前の預言者」と呼ばれ、現代では歴史書と呼ばれているヨシュア記、士師記、サムエル記、列王記は、申命記神学に基づいてその記述がなされていると言われています。「大きな物語」としては、申命記はシナイ契約の延長として位置づけられています（歴史的には神命記神学がシナイ契約の記述に影響したでしょう）。これらの歴史書は、モーセの死後、新しい指導者ヨシュアによってイスラエル共同体がカナンの地に侵入してから、定着し、王朝を建て、それが滅ぶまでの歴史を物語形式で描いています。そこにはイスラエル共同体の浮き沈みが繰り返し語られていますが、その意味づけこそが歴史観になります。なぜイスラエル共同体は危機に陥ったのか。なぜその危機から救済されたのか。そして、なぜイスラエル共同体は最終的に滅亡にいたったのか。イスラエル共同体の歴史的な経験を描きながら、そのような理由を記すことで歴史観を表現しています。聖書テクストは、イスラエル共同体の興亡を政治・経済・外交・社会の影響という立場で記すことができたかもしれません。もちろん、このような要素についてはそれなりに述べてはいますが、イスラエル共同体の経験の根本原因とはしていません。むしろ、それらは外的な要素であって、聖書テクストが問題とするのは、その外的な要素に対するイスラエル共同体の態度はどこから来ているのか、その点でした。イスラエル共同体の祝福と呪いの経験は、共同体を内外から取り巻く環境ではなく、共同体の神ヤハウェに対する信頼によって決まっていくと聖書テクストは示しています。それは、神ヤハウェとイスラエル共同体との関係性の課題と言い換えることができます。神ヤハウェは自らの価値観を実現することでイスラエル共同体を救済し祝福しようとしています。それに対して、イスラエル共同体は自分たちにとって都合の良い形での祝福を期待しました。イスラエル共同体は神ヤハウェと関係性を断ったとは言えません。しかし、神ヤハウェの価値観の実現は拒絶しました。ここに神ヤハウェとイスラエル共同体との関係に齟齬が生まれ、イスラエル共同体は祝福を失い、最後には滅びていったのです。両者の関係についてのこのような理解は預言書（ヘブライ語聖書では「後の預言者」）にも見られます（例えば、ミカ書六章）。歴史書においては、神ヤハウェに対するイスラエル共同体の信頼のあり方を最も重視する立場から歴史が描かれているのです。

第三に、シナイ契約の影響は律法の記述を通して旧約聖書全体に及んでいます。元来、律法はシナイ契約の内容として記されたものです。シナイ契約はイスラエル民族形成の最初の段階のためであり、民族が形成されれば、契約の内容は歴史的にはその役割を終えることもできたはずですが、律法は文字として時代を超えた普遍化されたことばとして理解されました。その一因として、バビロン捕囚から解放されて新たな共同体を形成する中で、律法に重要な位置が与えられたことがあります。もちろん、律法のすべての文言がイスラエル共同体のどの時代にもそのまま適用されるわけではありません。そのようなことは現実には不可能ですし、後代のユダヤ教もそのことは十分に知っていました。実際には、律法に新しい解釈を付すことで、時代の変化に適用させようとしました。また、それぞれの時代に適用できそうな律法の文言を取り出して、律法のエッセンスとしてそれを遵守する方策も採用されました。新約聖書はその一端を証言しています。「大きな物語」における律法の果たすべき機能は、その元来の意図を外れて拡大して理解されているのです。聖書テクストのことば遣いとしても、シナイ契約よりも律法について記していることが圧倒的に多いことを見ても、イスラエル共同体内で律法についてどれほど強く意識されていたのかが解ります。ローマ人への手紙において、ユダヤ人キリスト者が律法を与えられたことを自慢している様子が揶揄されています（ローマ人への手紙二章十七〜十八節）が、契約が与えられたことを自慢しているとは記されていません。時代的に制約されていたと考えられる律法を時間的に普遍化することで、律法は規則としての意義だけでなく、イスラエル共同体としてのアイデンティティ形成にまで深く関与していきました。契約から律法という強調点の移動をともないながら、シナイ契約は聖書全体に影響を及ぼしたと言えるでしょう。では、シナイ契約そのものと律法との関係についてどのように捉えるべきでしょうか。そのことを次に考えてみましょう。

契約と律法との関係

契約と律法とは決して緊張関係にあるわけではありません。契約は関係の概念であり、律法は規範としての概念だからです。つまり、各々違った役割と守備範囲があり、それを比較はできないのです。しかし、いずれを優先させるべきかという課題はあります。それは、その契約や律法に関わる人々（古代イスラエル共同体に参与していた人々）にとっては、その生活のあり方や社会の形など現実的な事柄になってくるからです。実際、福音書におけるイエスとユダヤ教の権威者との論争の一つは、律法をめぐる議論でした。結論から言えば、契約と律法との優先順位は、あくまでも契約です。律法が優先されることはありませんし、また優先されてはならないのです。契約の優先性は、形式的な事柄と内容的な事柄、両方から考えることができます。

まず形式的な見方から契約と律法との関係を簡単に見ます。その他の聖書テクストに記されている契約と同様に、シナイ契約は神ヤハウェとイスラエル共同体との間で結ばれました。その具体的な内容として律法の諸規定が与えられています。つまり、契約があってはじめて律法が存在するのです。そのような形式が旧約テクストには採用されています。したがって、契約は律法に優先されるべきであることが解ります。

内容的な意義としてはどうでしょうか。契約の目的は、神ヤハウェとイスラエル共同体との関係性そのものでした。その関係性は相互の信頼に基づいています。シナイ契約におけるその信頼は、神ヤハウェのイスラエル共同体への祝福、イスラエル共同体の神ヤハウェへの服従という形で表現されています。神ヤハウェからの祝福は、神ヤハウェの価値観がイスラエル共同体に実現することを意味しています。その価値観の実現とは、人々が平和と福祉とを経験することです。イスラエル共同体の服従とは、その価値観の成就を目指す生き方です。その生き方の具体的な社会的・宗教的規範として律法が与えられました。規範ですからそれを遵守する必要があります。

もし律法が契約よりも優先されるべきだとするならば、それは、規範を守ることではじめて関係性が維持されることを意味します。その規範が遵守されている限り、関係は保たれることになります。しかし、その規範が破られた場合、関係は破棄されます。したがって関係を維持するには、何らかの修復の過程が必要とされます。その修復は、報復（刑罰、呪いなど）なのか、和解や赦しなのか、さまざまなことが考えられるでしょう。その修復の過程を経た後に、規範の主権者がそれを承認すれば関係が回復されることになります。見方を変えて言えば、修復作業がうまくいかなかったときには、その関係は破棄されたままです。したがって、その関係を維持したいがために、規範遵守そのものに固執してしまうことになります。あるいは、規範を遵守したことを理由に、関係の維持を主権者に対して迫るようなことになりかねません。つまり、規範を取引材料にしてしまうわけです。それは、律法の規範を文字通りに守ることで、神の祝福を獲得できると考えることです。その反対に、祝福の獲得のために、律法を遵守しようとする動機が与えられることにもなってしまいます。

一方、律法に対して契約を優先させるとするならば、関係性の維持という目的のために律法はその手段にすぎないことになります。律法は契約内容を指し示し、契約の基本的な価値観を表現する方策として理解されます。もちろん、規範が遵守される限りにおいて関係は維持されるのですが、それは契約に基づく互いの信頼に関わります。信頼関係があるから、その主権者の意志として表明された規範を守ろうとするのです。規範に違反して関係性が破壊されれば、やはり何らかの修復の過程は求められます。しかし、その回復の過程の基礎に信頼関係が存在します。修復とは、その基礎である信頼の回復を目指す過程です。この過程での規範の役割は、その信頼回復の道筋を示すことにあります。

聖書テクストは、神と人間との関係性を信頼にのみ求めています。神から与えられる命令や勧告を、与えられるべき恵みの取引材料にするようなことは考えていません。取引には人格的な関係は必要ではありません。契約内容を互いに満たし、各々が自らの必要を得て、自己満足すればそれで済むことです。取引は一過性であり、取引が終われば互いに何らの責任を負うことはありません。取引では関係性の維持はできないのです。聖書の契約は、神ヤハウェとイスラエル共同体とが人格的な関係を維持することを目的としています。したがって、内容的にも、契約は律法に対して優先性があります。関係は規範に優先されるべきなのです。律法のない契約は成立しますが、契約のない律法は成立しません。契約の基盤は律法に求められるのではなく、それが目的とする信頼関係そのものに求められるべきです。そのような意味で、契約のあるべき姿は、関係性から始まり関係性を目指していると言えます。

ただし、契約と律法とは、現実には難しい関係にあります。律法を遵守する動機についてはさまざまあるとは言え、律法を守ることには違いがないからです。信頼関係に基づく契約を基礎に律法を扱ったとしても、律法自体を守ることを目的にしてしまうあり方へと容易に転化してしまいます。信頼関係は最も重要ですが、それをそのまま保証してくれる確認の手段は見えません。見えない信頼関係よりも、文字で書かれ、ことばで表現される規範の方が解りやすいでしょう。シナイ契約に関して言えば、契約そのものは見えませんが、その内容を示した律法はことばとして確認できます。確認できる律法（文字）が見えない契約（関係性）を保証してくれる、そのような見方は理解しやすいものです。また、律法を大切にして、その内容が生活に根づいていくときに、律法はその生活においてある種のアイデンティティを形成していきます。アイデンティティは人々の意識や生き方の土台ですから、それに対して疑問を抱くことはありません。律法の規範がアイデンティティとして機能して絶対化されます。しかも、その絶対化は神の名によって行われるのです。契約を優先する生き方と律法を優先させる生き方とは、論理的には対極にあって遠いとは言え、実際には紙一重です。福音書を読む限り、ユダヤ教の指導者たちはそのような罠にはまっていたと書かれています。また、キリスト教会の歴史においても同様のことが起きてきました。キリスト信仰と言いながら、聖書や教会の命令・勧告・習慣が実質的にその信仰に優先され、その枠組みに入れない人々を排除してきました。契約の核となっている関係性を最重視する中で、神の価値観を実現する方向性を意識しなければなりません。

第二章　十　戒

契約は律法に優先されているとの考え方から、これまでシナイ契約について検討してきました。十戒はシナイ契約の文脈に位置づけられているからであり、シナイ契約を理解しておかなければ十戒の内容は解らないと考えるからです。その十戒は律法の一つとして記されています。律法の性格を考えてみましょう。

A　律法について

十戒について詳細に考える前に、律法の性格と律法をめぐる議論を考えてみたいと思います。

律法の一般的な説明

日本語の聖書で「律法」と翻訳されているのはおもに、旧約聖書ではヘブライ語「トーラー」、新約聖書ではギリシア語「ノモス」という単語です。ことばとしては各々、指示や規則（英語でlaw）などの一般的な意味になりますが、聖書テクストはそこに特別な意味を付与しています。

旧約での律法の意味はおもに二つになります。

①旧約聖書の最初の五書を指す場合

②五書に記されている一つ一つの規則、あるいはその全部を指す場合

参考＝新約におけるノモス律法もこの旧約の考え方がそのまま用いられていますが、書かれた諸規則にユダヤ教の伝統・習慣・不文律を含めて述べられている場合があります。

聖書に記されている律法ということばの使用は、旧約聖書に記されている、ユダヤ教に限った範疇での意味となっています。つまり、この世界に存在するであろう規則全体を指しているわけではありません。ただし、トーラーやノモスということば自体は一般的な奨励・規則などの意味ですので、聖書の特殊な使用法と一般的な意味とを区別して解釈することが求められることになります。実際には両者の意味が混同して理解されたり、使用されたりすることが多いようです。キリスト教会にとっての規則の源泉は律法だけでなく、ユダヤ教の伝統や習慣、新約における命令や勧告、キリスト教会全体における伝統・習慣、各教派や各教会の伝統・習慣などが付加されてきました。この多様な規則の形を律法ということばの一般的な意味として使用してしまうこと

があるのです（例えば、律法主義というキリスト教会内のことば）。律法ということばが聖書テクストに登場してきたときには、そのたびに文脈を考慮して意味を確定する必要があります。

律法の社会的意義

旧約聖書の律法の第一の意味は、社会的なコンテクストを無視するような宗教的な戒律ではなく、イスラエル共同体内の社会的な規則（法）としての意義です。律法はイスラエル共同体にとっての社会ルールとしての法と位置づけることができます。シナイ契約締結の目的は、ヤハウェの民の形成であり、そのためには社会的な基盤が必要とされていたことは指摘してきた通りです。政治的には奴隷状態からの解放、社会的・経済的には土地への定住、法的基盤には律法が用意されました。宗教的な規則も民族形成の過程から独立しているわけではありません。「大きな物語」としての創世記において一氏族の神として描かれてきたヤハウェは、一民族の神として描かれる神学的・歴史的な段階へと移行してきたことになります。共同体が神ヤハウェの民となるための神学や、そのための宗教的規則が新たに必要とされているのです。

他の社会と同様にイスラエル共同体にも社会的に保護すべき利益や権利が存在し、法にはそれらを保護する具体的な目的が備わっています（ただし、明記されている場合とそうでない場合がありあます）。何をどのように保護すべきなのか、そこに神ヤハウェの価値観の表出としての律法の意義を求めることができます。
古代イスラエルでは神ヤハウェが主権者（王としてのヤハウェ）であり、神ヤハウェの名で律法が公布・施行されています。しかし時代が経過していく中で、ある律法規定は新しい時代では通用しなくなります。また、ある律法規定は、その社会的な保護利益や権利が忘れられて、記された文字だけを守ることが求められる宗教戒律となっていきました。ある律法規定は再解釈されて、新しい規則の説明（文書・口伝）が付加されていくようになりました。また、ある律法規定はイスラエル共同体の秩序維持のために用いられるようになり、そのアイデンティティ形成の役割を果たすようになりました。このような変化が望ましいかどうか、その議論はここでは措いておきますが、社会的な変化に沿って律法の解釈の変化を容認する姿勢は、図らずも律法の社会的意義の側面を表していることになります。

本書で取り上げる十戒も社会的な意義を有しており、その視点から考えることは非常に有意義です。そこで、律法の社会性については、十戒を詳細に検討する際に考えていくことにしたいと思います。ただし、ここでは律法が社会的な意義を持つ事実を指摘するにとどめて、後に詳細は検討します。以下、律法の宗教的な意義をまとめて観察していきます。十戒にも宗教的な意味は含まれていますが、あまり具体的には記されていませんので、十戒を考える際にこの側面を詳しく取り上げることはできません。そこで、律法全体から見た宗教性について短く見ていきたいと思います。もちろん、聖書テクストが律法の社会的意義と宗教的意義とを形式として分けて考えているわけではなさそうです。つまり、ヤハウェの律法には神学的な意義が必ず付随しているというのが聖書テクストの主張です。律法は神ヤハウェの名によって布告されているからです。しかし、分析をしていく上では、両者の性格を分けて考えることには意義があります。

律法の宗教的意義

律法には礼拝場所・礼拝行為・宗教システムに関する詳細な規定が記されています。律法の宗教的規則について考えるときに、神ヤハウェとイスラエル共同体との関係性が最重要です。それが宗教的な意義として表現されます。同時に、古代イスラエルの連帯の側面を見逃してはなりません。神ヤハウェの民であるために、その神ヤハウェを神学的・宗教的に捉えなければなりませんが、次に民として形成された人々はその捉え方を共有するように求められます。もし共有できなければ、共同体内の神ヤハウェへの理解はバラバラになり、共同体としてのアイデンティティも崩壊してしまうでしょう。イスラエルが共同体として神ヤハウェに属するために（つまり契約を維持するために）、その律法には宗教的な意義が存在していることを指摘しておく必要があります。

a　拝一神教性格

出エジプト記二十章三節には、明確に神ヤハウェのみがイスラエル共同体の神であることが宣言されています。ただし、「大きな物語」のこの段階で唯一神教としての意義が示されているわけではありません。つまり、他の神々の存在を前提に律法は成立していると言えるでしょう。例えば創世記一章は（他の神々の存在さえ認めない）唯一神な性格を表現しているように解釈できますが、「律法」としての聖書テクストは他民族の神々の存在を意識していることは否定できません。拝一神教的な性格においては、人間がどの神（あるいは神々）に対して忠誠を示しているのか、そこが問われていくことになります。シェケム契約は、まさにこの課題を扱っています。聖書テクストが他の神々を否定しているのは、その存在そのものよりも、イスラエルがヤハウェ以外の神々と関係を持とうとするからです。

イスラエル共同体を取り巻く諸民族は多神教を採用しています。この神々は階層を形成して人間社会を反映しているだけでなく、社会階層を認める社会的・宗教的イデオロギーとなっています。一方、神ヤハウェは一人の神であり、イスラエルに対して解放者として、その共同体の形成者として存在しています。他の神々への忠誠を認めない神としてヤハウェは自らを顕し、かつ自らを見える形で提示されることを嫌います（出エジプト記 二十章四～七節）。それは、ヤハウェが人間に利用されることを拒否していると言えますし（出エジプト記二十章七節）、偶像によって象徴される他民族の神々と自らを区別する必要があったとも考えられます。

b 礼　拝

礼拝には、①ヤハウェと民（個人あるいは共同体）との関係を犠牲によって回復・維持する②過去の救済の出来事や収穫を記念する、そのような機能があります。後者は、季節の祭りなどでも行われています。礼拝行為や犠牲制度自体はイスラエル共同体外でも採用されていて、実施されていました。神々と人間との関係維持や、過去の出来事や収穫感謝などの意味が異教の礼拝においても観察されます。イスラエル共同体にとってはヤハウェとの関係に意味があることを認めておかねばなりません。また、犠牲制度そのものに対して周辺諸国とは違う意味を見つけることもできます。イスラエルでは性的関係を礼拝にプログラムとして持ち込むことはありませんでした。また、周辺諸民族が行ったような人身御供も行いませんでした。それは、ヤハウェの価値観が礼拝や犠牲制度のプログラムにも顕れていることを示しています。

①祭りの意味

祭りは時期と方法が詳しく命じられ、その命令に沿って開催されていたと考えられています。多くの祭りは、過去の出来事を記念し、それを経験していない世代に救済の意味を伝え、神ヤハウェに感謝する機会を提供します。この祭りにおいて、個別の救済の物語が口伝として語られただけではなく、出来事の再演も行われていたとされています。同時に、祭りは季節に結びつけられています。それは、収穫感謝などの日常生活に関わる感謝の意味を持ちます。小家畜飼育者であり荒野を放浪する民であるイスラエルに、シナイ契約で農業に関する祭りの規定が記されているのは興味深い点です。

②犠牲の意味

犠牲はイスラエルの民の罪を赦すために行われます。罪に関しても、原典において言語的な複数の意味を持つだけでなく、赦しの対象者（民全体・ある集団・個人など）・赦しを求めるべき罪の種類（意図的犯罪あるいは過失など）などによって、犠牲の種類も多様化しています（レビ記一～七章）。

犠牲は指定された動物を屠殺することで成り立っています。指定されている動物は、小家畜飼育者として価値のある動物とその状態です（農作物のささげ物が記されているのは、後の農民イスラエルの生活が反映しています）。価値のある物をささげることによって、その赦しに価値のあることが証言されています。屠殺することで血が流されますが、それは血に命が宿っていると考えられているからであり（レビ記十七章十一節）、命による赦しであり贖い（買い取り）を意味します。贖いには二通りの考え方があると言われています。ｉ罪に対する神の怒りの宥めるため　ⅱ罪を覆い隠すため。問題は、血そのものが機械的に赦しをもたらすわけではないことです。ヤハウェと人間との関係の回復自体が赦しです。血の犠牲には魔術的な意味が込められているわけではなく、象徴的行為と捉えるべきでしょう。犠牲の厳正な執行は重要とされてはいますが、それも神と人間との関係の回復が前提かつ目的です。

犠牲制度に関しては、代理的意味が主張されてきました。動物が罪人の身代わりとの考えです。同時に、関係性を重視する立場からは、仲裁的な意味が強調されています。

c　宗教システム

犠牲の執行者は祭司やレビ人に限定され、しかも、その祭司となる資格は厳しく記されています。祭司は世襲制であり、血縁に正統性が訴えられています。ヤハウェ宗教の人材的側面は祭司組織を固めることでシステム化されていきました。礼拝場所も、聖所や幕屋に固定することでシステム化が可能となりました。このヤハウェ宗教はエルサレム神殿建立とともに、国家宗教として機能していきました。

宗教システムを考える上で、聖という考え方が重要です。旧約聖書の語る聖とは、分離することを意味しています。元来は、罪がない状態を意味しているわけではありません。聖に対することばは俗です。俗は日常生活であり、日々の繰り返しです。人間の生活は単調な繰り返しの上に成立しています。しかし、時にはその単調な繰り返しを破る出来事・事態・人物などが現れます。これが聖と定義されます。この聖である状態がその社会の生活を脅かすと考えられる方向、あるいは人間関係を破壊する方向にあると判断された場合は、その聖は穢れと呼ばれます。逆に、その社会にとって良い方向をもたらすと考えられた場合には、清さや貴さとされます。もちろん、聖である状態がその社会にとって穢れなのか清さ・貴さであるのかを判断する絶対的な基準は存在せず、その社会がどのような判断をするのかで決まります。律法の中で女性の生理などを穢れたとしたのは、イスラエルが男性中心社会であることの証左とも言えます。逆に、礼拝や祭りが清い・貴い聖とされるのは、このような儀礼がイスラエル共同体において積極的な意味を持つからです。

このような聖の問題（清さと穢れ）は、その宗教性のゆえに罪の課題と容易に結びつけられてきました。確かに、罪である神との関係の破壊や人間関係の破壊は、日常の生活を乱す要因です。そのような意味で罪は聖の課題といって良いでしょう。しかし、穢れと認定されることと罪を犯すことを無批判に結びつけることはできません。病は日常に対して悪影響を与えることなので、一般的に忌避されます。しかし病そのものは罪ではありません。罪が穢れとして認定されるべき（その社会にとって）合理的な説明が求められます。もし合理性を失えば、穢れへの一方的な差別となります。別の見方をすれば、俗という日常にとどまる限り、穢れとも罪とも関係ないことになり、他者の穢れを糾弾できる立場に安住してしまうことにもなりかねません。逆に、日常においても罪を犯すことはあるはずです。穢れと罪とを混同して考えてはならないのです。

律法の適用とその課題について

律法はイスラエル共同体形成時においてその法的な基礎を作るために与えられました。つまり、律法はヤハウェの価値観に基づいた社会的な秩序を建て上げるための規則です。それゆえに、律法は歴史的な産物であり、時空を超えてすべての人類に適用できる意図はなかったことになります。例えば、イスラエル共同体の律法を当時の他民族は採用しませんでした。神ヤハウェに関する細かい規定があったとしても、神ヤハウェの民でない人々はその規定を知りませんし、知っていても無視をするだけです。また、律法制定時の生活様式は古代のそれであり、二十一世紀の世界とは隔絶しています。多くの律法規定が現代には意味を成しません。

その一方で、ユダヤ教もキリスト教も律法を神のことばとして告白してきました。それは時空を超えて律法の規則は意味があると認めることです。確かに救済史の見方で、律法を教会時代に適用することの是非も議論されてはきました。しかし、適用を非とする立場であっても、議論をしているということ自体は、律法を歴史的な産物として一方的に葬ることはできないことを意味しています。キリスト教会では多くの場合、同時代に意味のありそうな規定に注目して、それを倫理的に適用しようとしてきました。例えば、殺人の禁止規定を（律法制定の社会的な背景や保護利益を無視して）絶対倫理として理解しようと試みてきたのです（教会が殺人を行ったりそれに加担したりした場合は、この倫理を超えようとする神学的な理屈や口実が登場しますが）。

律法そのものにつて考えてみましょう。神ヤハウェはイスラエル共同体とシナイ契約を結び、その内容を律法として表現しました。これは、共同体の観点からすれば、共同体の福祉・平和を目的としています。つまり、共同体内の調和（シャローム）を神ヤハウェは目指しているのであり、単なる個人の倫理的な向上を目指しているわけではありません。トーラー（律法の書すなわち旧約の最初の五書）におけるシャロームは、奴隷状況からの解放であり、政治的・経済的・宗教的独立の獲得です。それは、神ヤハウェの価値観を実現することであり、人間の尊厳を守り、人間としての生活を成り立たせることです。トーラーの段階においては、解放のためには価値観の衝突が避けられないことを認め、ヤハウェの価値観の実現化のために現実としての土地を約束し、ヤハウェの価値観の青写真として諸規定による律法を与えたのです。

律法の解釈について

これまで議論してきた律法の性格を踏まえながら、現代において律法を解釈する意義について、特に二つの点に注意しながら考えてみたいと思います。第一に、読者に関する事柄です。すべてのテクスト（文字として記された文書）には読者がいます。当然、ここには現代の読者も含まれます。一方、そのテクストが記された時点で、著者・編集者がそのテクストを宛てた読者たちがいます。旧約聖書あるいは律法で言えば、古代イスラエル共同体に属する人々になります（この共同体にもさまざまな時代の人々、社会層の人々が存在しましたので、歴史的にどの層の人々が著者の宛先となったのかを議論できますが、ここではそこまで詳しいことは考えません）。このような読者を原読者と呼んでおきます。現代に聖書を読む人々は著者の宛先になっている読者ではありませんので、原読者に含まれません。もちろん、テクストはすべての人々に開かれているという意味では、原読者だけではなく、すべての人々が読者になる可能性があります。これを認めなければ、テクストは時間と空間とを超えて人々に伝播していくことはなくなります。読むという行為、解釈するという作業をしなければならないということでは、原読者と読者との間に区別はありません。しかし、両者にはテクスト解釈に関する前提や方策について違いが存在することも意識しておく必要があります。

　教会で奨励されている聖書の読み方として、聖書のことばがそのまま読者に語りかけてくるように読みなさい、ということがあるように思います。例えば、いわゆる個人礼拝（デボーションとも言われますが）において、聖書の語りは直接的な神の語りとして読み取り、それを生活に〝適用〟させていくことが勧められます。聖書のことばが読者たちの日常生活に生きていくような読み方は必要です。キリスト者は聖書を神のことばとして告白し、神の導きの中で生きようとするならば、聖書と読者とを直接に結びつける発想や工夫は大切です。しかし、聖書テクストのすべては、現代の人々を含めた読者についてはまったく考慮してくれていません。原読者である人々のことしか考えずに聖書は記されています。ですから、聖書が背後に持っている世界観・宗教観・倫理観は、旧約聖書であれば古代イスラエル共同体の人々が理解していた事柄になります。新約聖書であれば、紀元一世紀のローマに支配された東地中海の人々の考え方に基づいて著されています。内容についても、各聖書テクストが原読者にとって必要であると思われる事柄が優先的に書かれているのです。聖書テクストは近代のさまざまな状況や価値観を知りません。現代の教会や社会に対する多くの課題について応えるようなこともしていません。

以上のような「神のことば」と「具体的な歴史」という相矛盾するように映る状況の中で、十戒をはじめとする律法の解釈の方針を考えなければなりません。十戒を見ていきますと「あなたは～してはならない」という表現が出てきます。ここには「あなた」という二人称の代名詞が用いられています。聖書は「神のことば」であり、普遍的にこの世界に適用されるべきであると考えて、「あなた」を読者である教会や個々人に直接に向けられているとの読み方をすることがあると思います。読者に対して直接に十戒を〝適用〟させようとする考え方です。しかし、「大きな物語」としての十戒の記述を見ていきますと、「あなた」はモーセに導かれてきた、奴隷から解放された人々であることが解ります。物語の形式を捉えていくと、この登場人物たちに十戒は与えられ、それを遵守するように要求されています。あるいは、出エジプト記のテクストとしての性格から考えると、「あなた」は古代イスラエル共同体に属する人々であると判断することができます。つまり、この書の原読者が十戒の対象として意図されています。いずれにせよ、「あなた」に現代の読者が含まれることはありません。それは十戒をはじめとする律法を解釈する上では、非常に重要なことです。十戒が法として及ぶ範囲は、古代イスラエルという共同体だけであることはすでに指摘した通りです。いくら十戒に普遍的な内容が含まれていても、法の体系という考え方からすれば、十戒は古代イスラエル共同体にのみ通用する法です。聖書の律法を用いて、他民族の人々や現代の読者を裁いたり、罰したりすることなどできません。それは、聖書のテクストとしての性格からも言えることです。十戒や律法の内容は原読者を飛び越して、他の読者に直接的に適用されるべきではないのです。

では、十戒をはじめとする律法は、原読者以外の読者には関係ないのでしょうか。これが第二の課題です。もし関係がないとすれば、律法の記述を正典から外しても問題はないことになります。しかし、律法は「神のことば」として読まれ続け、それぞれの時代・場所に生きた人々は意識的にその影響を受け止めてきました。ユダヤ・キリスト教共同体が存続する限り、律法は「神のことば」として告白されていくでしょう。律法は人々に関わり続けていきます。

人々の集まりには、それを集まりとしていくさまざまな要素があります。物理的な課題としては、場所があるでしょう。国家であれば領土が必要です。テニス・クラブであれば、テニス・コートが不可欠です。多くの教会は礼拝をする場所を求めています。その他、運営のためには経済的に共有すべきお金とその管理が課題となります。お金を用いることでその集まりの運営を可能にします。また、人々の意識も重要です。その集まりにおいて所属意識や価値観の共有がなければ、人々はバラバラになってしまう危険があります。その意識をもたらす方策の一つとして、物語を語り継ぐことが挙げられます。その集まりの正統性や存在理由を証言する物語は、人々が一つの集まりにともに存在していることを意識させます。そのような物語を現代では「メタ物語」と呼んでいます。キリスト教会もそのようなメタ物語を持っています。各教会にはそれぞれの歴史があるでしょう。初代の宣教師が苦労した話であるとか、その教会が危機的な状況を乗り越えてきた話であるとか、そのような話が教会で語られて、その教会に属する人々はその物語を共有していきます。その物語には、その教会にとって大切なことや教訓となる事柄が強く意識されています。つまり、メタ物語にはその集まりにとって価値あるとされることが含まれているのです。聖書にもこのようなメタ物語としての性格があります。ユダヤ・キリスト教信仰共同体にとって自らの存在の正当性を証言し、聖書をその中心に位置づけてきました。ただし、メタ物語が語られている集まりの外でその価値が認められているかどうか、それは保証の限りではありません。A教会の宣教師の苦労話はB教会にとって受け入れられるとしても、感情移入することは難しいでしょう。ましてや、教会以外の人々にとってはほとんど価値のある物語ではないはずです。

このような人々の集まりにおいて価値観を共有させ、所属意識をもたらせるのは物語だけではありません。その集まりのルールも重要です。そのルール（法）が集まりに一体性をもたらせます。それはより具体的です。そのルールを守ることでその集まりの秩序が実際に維持されます。例えば、テニス・クラブではコートの使い方にルールがなければ、限られた場所を奪い合うような危険性が生じます。そのルールを破る人に対して何らかの制裁を加えることで、ルール破りを抑制しようとします。同時に、ルールの秩序維持という目的は同じでも、各集まりによってその内容は違います。それは、それぞれの集いの考え方が違うからです。あるテニス・クラブでは年長者が優先されるかもしれません。別のクラブでは上級者が優先されるかもしれませんし、他のクラブでは反対に初心者への配慮が強いかもしれません。逆に言えば、各々の集まりのポリシー（基本的なものの考え方）によってルールが違っていることになります。それは、ルールはその集まりのポリシーを表現していることを意味しています。これは、聖書テクストの律法にも当てはまる考え方であり、聖書に書かれているその他の勧告や命令にも妥当する見方です。

律法は古代イスラエルの社会的な秩序の維持のために機能します。現実の自然環境に対応しながら、古代イスラエル全体に関する項目もあれば、日常生活に関わる項目も記されています。その具体的な規則（律法の内容）を支えているのは、古代イスラエル共同体の社会的・宗教的な価値観です。律法は神ヤハウェの名によって布告され、実施されています。つまり、律法は神ヤハウェの価値観の表現として理解されるのです。例として、神礼拝に関して考えてみましょう。礼拝は諸民族にとってその一体性を意識させるのに重要な役割を担っていました。もちろん、イスラエル共同体についても例外ではありませんでした。律法が神ヤハウェへの礼拝以外を一切認めていないとすれば、古代イスラエルの価値観として一神教の性格を認めることができます。しかし、仮に律法が神ヤハウェ以外の神々への礼拝を容認しているとするならば、古代イスラエル共同体は宗教混合的な価値観を有していると判断されます（実際には、このような考え方は聖書では拒絶されていますが）。つまり、礼拝が民族の一体性をもたらすという目的を認めるにしても、その具体的な方策にはさまざまな可能性があり、その選択はその民族の価値観に依っているのです。その価値がイスラエルでは律法という形で表されています。

旧約律法は、法としてもあるいはテクストとしても、原読者以外の者に対して直接に適用することはできないと申し上げてきました。その一方で、聖書は神のことばとして告白され、現代の読者にとって決定的なテクストであることも指摘してきました。そのような中で、原読者ではない一般の読者たちが律法を解釈する第一の意義は、その律法を支えている価値観を知ることに求められます。その律法規定は誰を優先的に大切にしようとしているのか、どのような社会的な利益を守ろうとしているのか、その認識を追い求めることです。実は、新約テクストにおいてそのような姿勢が認められます。例えば、マルコ福音書十二章二十八節以下に記された、イエスと律法学者との対話に見ることができます。ここでは、律法の中で最も大切な規定として「神を愛すること」と「隣人を愛すること」が挙げられています。これは、当時のユダヤ教での一般的な理解であったと思われます。そして、イエスもこの見方を積極的に評価しています。律法は多岐にわたっているにしても、その基本的な精神はこの二つにまとめることができるということでしょう。あるいは、この二つの規定が律法の価値観を表明しているのであり、この価値観抜きには律法は意味がないと解釈できます。イエスの時代、「大きな物語」としての律法規定と自らが生きているユダヤ社会との隔たりは意識されていましたし、守るべき社会的な利益を無視した律法主義的な考え方への反発もあったと考えられます。そのような社会的な文脈の中で、律法の適用を文字だけで追うのではなく、律法の背後にある価値観に焦点を当てる試みがされていたのです。これは、現代に律法を読む者にとって重要な律法の捉え方です。

社会的・宗教的な規則としての各々の律法がどのような価値観を土台にしているのか、それを知ることで、読者が現に生きている社会の価値観と律法が示す価値観とを対話させることができます。律法の諸規定を時間と空間を超えて現代の世界各地にそのまま適用させることは不可能です。旧約聖書が記された時代と読者が生きる現代とは、その文化的・社会的コンテクストにおいて違うからです。律法を直接に適用しようとしても、その律法が実質的に機能することはありません。しかし、両者を支えている考え方や価値観は比較できます。聖書が示す価値観から現代の社会的な方向性や内容を批評することができるようになります（その具体的な例は、十戒を詳しく観察する次のセクションで見ていくことにします）。もちろん、聖書のことばや表現をそのまま現代と対話させることには多くの壁が存在しますが、その古代の表現を現代のことばを用いて〝翻訳〟することは可能です。その〝翻訳〟された現代的なことばによって古代イスラエル共同体の価値観を理解していく中で、その価値観が現代において働く方向性を見出していきます。神ヤハウェの名によって示された価値観は現代に生かされるのです。

B　十戒について

十戒の全体と各規則について見ていきます。十戒も旧約律法の一つですから、契約や律法に関するこれまでの議論を踏まえながら考えていくことにします。十戒もシナイ契約の文脈の中に位置づけられなければなりません。同時に、十戒の各規範にはそれが定められてきた背景があり、それぞれが独自の意味を有しています。内容としては一般的な事柄について定められているように思われますが、その定めにいたるまでには具体的な考え方があり、歴史的な過程があったようです。そのような特徴を考慮しながら、十戒の各規則について検討していきます。

「十戒」の文学的特徴と構造

a　本文

「十戒」あるいは「十の戒め」という表現自体は旧約テクストには登場しません。出エジプト記三十四章二十八節に記されている「十のことば」に由来していると考えられています。十戒の各規定の分け方は教会史の中で多様ではありますが、一般的に扱われている区分は以下の通りです。

（以下、私訳）

序文　出エジプト記二十章二節

わたしは、あなたをエジプトの地、奴隷の家から導き出したあなたの神ヤハウェである。

第一戒　三節

あなたにとって、わたしのほかに神々があってはならない。

第二戒　四～六節

上の天においても、下の地においても、地の下の水においても、あなたはどのような彫像やいかなる像を作ってはならない。あなたはそれを礼拝してはならず、仕えてもいけない。わたしはあなたの神ヤハウェ、妬む神である。わたしを憎む者たちの罪を、父たちからその子孫の三代、四代にまで及ぼす。しかし、わたしを愛して、わたしの戒めを守る者には、幾千代にもわたって恵みを与える。

第三戒　七節

あなたの神であるヤハウェの名をむなしく唱えてはならない。その名をむなしくする者を罰さずにはおかない。

第四戒　八〜十一節

安息日を心にとめて、それを聖としなさい。六日間は働いて、なすべき仕事をしなさい。第七日はあなたの神ヤハウェの安息の日であり、あなたはどのような仕事もしてはならない。あなたの息子、娘、男性の奴隷、女性の奴隷、家畜、あなたの門の中の寄留者も同様である。なぜならば、ヤハウェは六日間で天と地と水とそこに生きる者を造り、第七日に休んだからである。ヤハウェは安息の日を祝福して、それを聖とした。

第五戒　十二節

あなたの父と母を敬いなさい。そうすれば、あなたの神ヤハウェが与えた地において、あなたは長らく生きることができる。
第六戒　十三節
あなたは殺してはならない。
第七戒　十四節
あなたは姦淫してはならない。
第八戒　十五節
あなたは盗んではならない。
第九戒　十六節
あなたは隣人について偽証してはならない。
第十戒　十七節
あなたは隣人の家を欲しがってはならない。隣人の妻、男性の奴隷、女性の奴隷、牛、ろばなど隣人の何をも欲してはならない。

b　断言法について

イスラエル共同体の法形式について、旧約学者のアルトは条件・制裁・約束の付かない法を断言法と呼んでいます（『イスラエル法の起源』一九三四年）。なお、条件が付加されている法は決疑法と呼んで区別しています（「契約の書」など）。確かに十戒には律法遵守の条件・制裁・約束に関する記述は基本的にはなく、断言法に分類されてきました。法は社会的な規範として機能しますが、その機能のあり方はその形式によって制限されてしまう側面があります。断言法は、現実には社会の具体的な事例に対して適用させることが難しいと言えます。制裁や刑罰に関しての適用規定がないので、実質的には処罰が不可能となります。何も刑罰が予定されていない中で、その法を破った者への処罰を実行したとすれば、その施策は恣意的になりかねません。社会としてある程度の認識があればその恣意性も防ぐことはできるでしょうが、やはり法としての信頼性や安定性を欠くことになります。また、どのような罪に対してどのような制裁や刑罰があるかで、その共同体に属する人々はその法への尊重のあり方も変わっていきます。実際、刑罰が記されていないとすれば、その法を破ったとしても何ら制裁が科されることはないので、その法の実効性が疑われてしまうことになります。このような条件・制裁・約束の規定が付されていない断言法としての法の存在意義をどこに求めるべきなのでしょうか。具体的な事例に対する適用が難しいとするならば、それとは違った意義を考えざるをえません。そこで、イスラエル共同体内の基本的な社会規範の考え方（シャロームの維持）を示していると理解するあり方が考えられます。確かに、法の基本的な方針を示しているとするには、十戒は律法の原則を語っているようには思えませんし、むしろ具体的な事柄に言及しています。しかし、処罰の欠落は、十戒が示している律法の社会的・神学的な方向性を理解するようにと読者を導きます。そこから十戒を一般倫理として取り扱う可能性が開かれることになります。実際、後半の規定は倫理性を帯びている内容と言えますし、ユダヤ教やキリスト教はその倫理性に注目して十戒を解釈してきました。十戒の諸規則を遵守できない場合、社会的な制裁が予測されます。しかし、一般の倫理であれば、刑法としての処罰は期待できません。その一方で、すでに指摘したように、律法はイスラエル共同体にとっては強制力がともなう法であり、規定に倫理性や普遍性が確認できても、その法の適用範囲はイスラエル共同体内に限られます。断言法は、形式としては時代と場所の制限を持つ法であるという事実と、その内容としては法の一般原則を示しているにすぎないという事実、この二つの要素の間で難しい理解が迫られていると言えます。

現在の旧約テクストの読者は、これまでも指摘してきたように、自らを原著者—原読者サークルからは外れていることを認識しなければなりません。つまり、原読者以外のすべての十戒の読者は、古代イスラエル法の対象者ではありません。旧約テクストを正典とする者としては、その法（断言法、決疑法、宗教的規則など）に表現されるヤハウェの価値観を発見し、そこに律法の諸規定を解釈するという方向で考えることが重要であると思われます。

c　禁令の形式について

十戒は基本的には禁令の形式を採用しています。「～してはならない」という行為の禁止を表現するために、文法的には「否定詞＋未完了形の動詞」の形式となっています。ここでは、未来における事実の否定を意味しているのではありません。ヘブライ語では命令形に否定詞を付して禁令を表現する形式は採られておらず、禁令の場合はこのような文法的な形式となります。それは、法的コンテクストで通常に用いられている形式でもあります。また、各々の諸規定は禁じられている具体的な個々の行為そのものを指しているのではなく、その行為を一般的に禁止していると考えられます。法が共同体全体に適用するべきことを考慮すれば、それは当然のことと言えるでしょう。

十戒において、このような禁令の形式が採用されている意図は明確ではありません。十戒自体あるいは聖書テクストはそれについて何ら説明をしていません。内容としては禁令であっても、肯定的な文を記すことは可能です。例えば、「～した者は呪われる」などの文が考えられます。ですから、あえて肯定文を避けて否定文を採用した可能性はあります。禁令は、その規範を犯す者を排除しやすい形式であるとは言えるかもしれません。特に条件や制裁を付さない形式になっていることを考えると、禁令の形式にした方が法として表現しやすいと言えます。しかし、どのように考えても、禁令が採用されている理由について確定的なことを述べるのは難しいでしょう。

その中で、第四戒の冒頭と第五戒は禁令の形式ではなく、通常の規範の形式が採用されています。ただし、第四戒の主たる規則は禁令の形式（労働の禁止）が採用されているので、やはり第四戒の基本としては禁令と理解されます。第五戒については、元来は禁令の形式であったという推測もあるようですが、それを支持する明確な証拠はありません。

十戒の諸規定には、二人称「あなた」が用いられています。その二人称で指示されている者が十戒を遵守するように求められている、そのような文学的な形式となっています。この二人称は「大きな物語」としてはシナイ周辺に滞在している解放されて間もない人々の集団です。また、テクストのレベルでの意義を考えると、十戒の原読者としての古代イスラエル共同体を指しています。いずれにせよ、二人称を採用することで、イスラエル共同体を人格的な主体者として捉えている表現となっています。もちろん、現代の資本主義社会における法人格のような考え方はなかったでしょうが、神ヤハウェの人格としての性格に対応するようなことば遣いになっていることは間違いありません。また、イスラエル共同体が二人称であるとは、神ヤハウェが一人称であることをも意味します。神ヤハウェとイスラエル共同体との関係で主導権を握っているのは、あくまでも神ヤハウェであることを表しています（三人称として神ヤハウェが描かれている十戒の規定がありますが、そのような場合でも、十戒の主体的な授与者が神ヤハウェであることには変わりありません）。シナイ契約は、支配者である神ヤハウェが被支配者であるイスラエル共同体に対して結んだ契約です。それが律法規定の文言としても表れています。律法における古代イスラエル共同体の位置づけは客体です。加えて、聖書テクスト自体は、神ヤハウェがイスラエル共同体に呼びかけるときに、単数形も複数形も使用します。申命記ではそれが明白で、その使い方の違いに何らかの意味が反映しているとも考えられています。一般的に考えれば、複数であった場合、イスラエル共同体を構成する個々人に語りかけがなされているように解釈が可能です。一方、単数形の場合は、イスラエル共同体全体への語りかけとして理解されます。しかし、単数形が使用されていても、十戒の内容を見ていけば、個々人が念頭に置かれているように読み取ることはできます。

d　文学的構造

十戒はその内容上、三つの部分から成立しています。

①序文

神ヤハウェの自己紹介が、奴隷の民の解放という歴史的な出来事から記されています。

②神ヤハウェとイスラエル共同体との関係（第一戒～第四戒）

神ヤハウェがどのような存在であるかということを理解させ、その存在のあり方に応じた神ヤハウェとの関係がイスラエル共同体に求められています。

③イスラエル共同体内部の関係（第五戒～第十戒）

神ヤハウェの民であるイスラエル共同体を構成する人々のあるべき互いの関係が具体的に命じられています。

形式的に考えると、十戒の前半は、神ヤハウェとイスラエルという「縦の関係」について述べられ、共同体の性格づけがされています。後半はイスラエル共同体に参与している人々同士の「横の関係」について取り扱われ、その社会的な秩序の基本が記されています。ただし、内容を見ていくと、「縦の関係」と「横の関係」とは錯綜し、単純に割り切ることはできなくなります。共同体としての「縦の関係」は「横の関係」がなくては成り立ちません。人々が共同体を建て上げるとは、その人間同士の密接な関係性を要求しているからです。一方、「横の関係」は「縦の関係」から規制を受けます。「縦の関係」がその共同体に独自の性格をもたらすからです。このような錯綜は、十戒をはじめとする旧約律法を解釈する際にはもちろん、イスラエル共同体やキリスト教会に関する聖書テクストの記述を解釈する時にも重要な基盤となります。形式としては上記のような構成として整理しつつも、解釈としてはその構成だけにとらわれずに、内容を考慮しなければなりません。

e　十戒の形成までの歴史的な過程について

「大きな物語」として、十戒がイスラエル共同体にもたらされた経緯としては、シナイ契約で神ヤハウェがモーセを通じてイスラエル共同体に与えたことになっています。しかも、律法授与の冒頭に十戒について述べられており、契約の箱に十戒を刻んだ石板が収められていたと考えられています（申命記十章一～五節）。そのような意味で、十戒は律法の中でも特別な位置づけがされていると言えるでしょう。そのように重要視されている十戒は、いきなりシナイ契約の内容としてそのまま神ヤハウェからもたらされたことになっているので、その成立過程について考える余地がないような記述になっています。シナイ契約が結ばれる過程で、神ヤハウェは最も適した形式と内容で十戒を与えたという見方ができると思います。それゆえ、そのような十戒が、歴史的な状況の中で形成されてきたという発想自体が受け入れ難いかもしれません。そのような発想は、十戒の内容の思想的・歴史的な変化を容認することになるからです。

しかし、古代イスラエルの歴史的な状況を反映させながらも、現在の旧約聖書のテクストとしての形式も内容（「大きな物語」を含めて）も後代において完成した（捕囚後の時代）と考えることができます。もしそうであるならば、十戒が現在に残されている形になったのは、聖書テクストの完成への過程と重ね合わせることができます。ただし、十戒の形成の具体的な歴史過程についてはさまざまな意見があって、一致を見ていない状況です。十戒に対するモーセの貢献を高く評価する立場もあれば、ほとんどモーセとの関連を見ない立場もあります。後者の立場であっても、十戒に記された諸規則の歴史的な由来についてはいろいろな説があります。また、諸規則が十戒としてまとめられた動機や過程についても、確定した説はないようです。

そうであるとは言え、「十のことば」として社会的な規則をまとめようとしたイスラエル共同体の十戒に対する意図は観察されます。これは律法に含まれている他の法令集について当てはまることです。確かに、各戒めが十戒という形式を予定して記されたとするには無理な面があるように思えます。つまり、最初から十戒を何らかの規則の法令集として記したと考えることは難しいでしょう。個々の戒めの形式がそろっていないことがその最大の理由として挙げることができます。しかし、歴史的な起源を同じにしない各戒めが、ヤハウェ主義に基づいて、「十」にこだわった形で現在の形式になってきたとするならば、逆にそこに積極的な編集を認めることができます。その編集の理由や意図がいかなるものであるにせよ、現在の形に沿って解釈を試みるように聖書テクストは解釈者に求めています。十戒の形成に歴史的な変遷があることを認めつつ、「大きな物語」の文脈に沿って、与えられている形式と内容から十戒を解釈せざるをえないと考えられます。

十戒の解説

1　序文　二十章二節

わたしは、あなたをエジプトの地、奴隷の家から導き出したあなたの神ヤハウェである。

神ヤハウェが自らを紹介しています。その紹介の内容は、歴史的な出来事です。特定の歴史的な出来事に自らを結びつけることで、イスラエル共同体と契約を結ぼうとする神は誰なのか、それを明確にします。この自己紹介は同時に、イスラエルの人々を奴隷状況から解放した神ヤハウェがこの契約・律法制定に主導権を握っている宣言と理解できます。

神の価値観あるいは属性が、その歴史への言及によって行われています。その啓示の方法は分析的ではなく物語的です。物語的とは、その歴史的な出来事を客観的に描こうとしているのではなく、その出来事が共同体にとってどのような影響があり、その共同体がどのような応答をしたのか、そこに重点があるということです。つまり、歴史的な出来事に意味づけをするのです。むしろその意味づけを出来事を述べる中で伝えようとしている、こちらの方が正確な言い方です。

例えば、奴隷状況から解放されるにあたり、さまざま災害が抑圧者であるエジプトに襲いかかったことが出エジプト記には記されています。そのような出来事だけを見れば、その原因を〝科学的〟に説明しようとする姿勢が考えられます。エジプトが暗闇になったというのは、太陽などの何かしらの天体の運行に原因を求めることができるでしょう。カエルやアブの大発生も生物学的に説明できるかもしれません。しかし、奴隷から解放された人々はそのような説明を試みませんでした。人々を奴隷状態から解放しないエジプトに対して神ヤハウェが起こした災害であると理解し、奴隷を解放せよという神ヤハウェの要求をその災害に見出しました。災害を災害として見ただけでなく、そこに意味づけがされているのです。この意味づけが物語形式として語られ、伝承されていきます。また物語には、そのように伝播されていく意図があります。その意味づけが伝えられる中で、その共同体は自らの存在理由や正統性を証言していくのです。イスラエル共同体にとっては、神ヤハウェが自分たちを救済し、その救済に基づいて自分たちが生きていけることを語ります。過去の意味づけは、その共同体が現在と未来において存在するための根拠になっているのです。

神ヤハウェの短い自己紹介に、どのような社会的な立場の人々に救済を実現しようとしているのか、その基本的な考え方が明らかにされています。奴隷を解放して導く神です。この救済の物語の語り直しはトーラー（律法の書）にはたびたび登場し、イスラエル共同体の存在意義が確認されています。また、詩篇などでもこの歴史を語り直します。すでにイスラエルにとっての「大きな物語」の意味は検討してきました。神ヤハウェは抑圧されている人々を優先的に救済しようと行動します。「大きな物語」からすれば過去の人々である、創世記に述べられた族長たちの物語は、その神ヤハウェの価値観について語ります。「大きな物語」からすれば未来の人々にあたる、バビロン捕囚で苦難を経験した人々の解放の物語も、やはり神ヤハウェの価値観を語りま す。その他の小さな物語、詩歌などで述べられている記述も神ヤハウェの価値観を語るのです。序文が歴史的な救済に言及することで、十戒の読み手（原読者はもちろん、その他の読者も含めて）に対してこの「大きな物語」を想起させることになります。神ヤハウェの自己紹介の内容を通じて、十戒は旧約テクスト全体につながっていきます。

そのような神ヤハウェの価値観の啓示は、後の読者に対して影響を与えます。そのような影響がないとするならば、原読者以外の読者にとって十戒はまったく意味がなくなってしまい、読むに値しないテクストになってしまいます。ヤハウェが実現しようとする救済、つまりヤハウェが示す価値観には、後の読者が共有できる意義を見出すことができるのであり、その方向で読者は十戒を理解していくのです。社会的に抑圧されている人々はどの時代にもどの場所でも存在します。人間の社会形成にはシステムがともないます。果たすべき社会的な役割（職業など）が、時々に応じてその社会に属する人々には与えられています。その役割が機能的に働いて社会は動いていき、人々は平和に安定して生活していくことができます。そのシステム自体がつねに抑圧—被抑圧の関係をもたらすわけではありません。しかし、他者への抑圧的な支配を容認する価値観をその社会が持ってしまうと、社会のあるべき機能的なシステムにおいてさえ、ある人々を被抑圧的な状況へと追いやってしまいます。

現実として、それは時代や場所を超えた一般的な状況と言えるでしょう。同時に、そのような人々の解放は抑圧が起きている時代・場所で必ず必要とされている、そのように訴えるのが神ヤハウェの価値観です。その価値観は旧約テクストに閉じ込められているのではなく、読者が共有できる一般的な意義を持ち始めます。ここで注目したいのは、その解放という一般的な意義は特殊な歴史的出来事を通して認められたことです。エジプトにおけるイスラエルの解放という二度と起きない特殊な出来事の意味づけは、それに共振する人々によって共有されていきます。「大きな物語」の出来事が共有されるかどうか、これはその物語を継承した共同体（原読者）に対する課題ですし、同時にその「大きな物語」を読んだ人々（原読者以外の一般の読者）に向けられた宿題でもあります。

十戒の冒頭に神ヤハウェの自己紹介としての序文が持つもう一つの意味として、そこに表現されているヤハウェの神学的・社会的な視点から十戒の解釈を行うようにとの要求を見ることができます。十戒は神学的・社会的な文脈なしで、普遍的な倫理として解釈されることがあります。「あなたは殺してはならない」は確かに、どのような時代・場所でも通用する内容になっています。それは刑法上の問題だけでなく、人間としての課題でもあります（倫理的な前提を疑う哲学的な課題の出発点としての位置づけ以外には）。それを誰も否定できません。しかし、これまで述べてきたように、十戒もシナイ契約という文脈、より広く言えば旧約テクストという文脈で読まれなければなりません。その制限は神ヤハウェの自己紹介において、より強調される形になっています。つまり、他の多くの旧約テクストと同様、十戒も神ヤハウェによる「神の支配」の実現のために定められたと理解すべきであり、そのような見方を土台にして十戒の解釈を行うべきです。十戒の意義を現代に生かしていくには、その普遍的な倫理性に注目していくよりも、神の価値観が現代に実現する方策や方向性を求めていくという文脈に沿って十戒を理解することが求められます。普遍的な倫理性と聖書の「神の支配」は同じ方向を目指しているように思われますが、つねにそうなるとは限りません。倫理性は時代や場所によって変化します。その倫理性は普遍性の名の下で、その時間・空間に制限された性格が隠蔽されます。一方、聖書の「神の支配」についても時代・場所によって解釈が変わります。互いに変わるかもしれない内容を秘めた倫理と「神の支配」が、つねに同じとは限りません。そうであるならば、両者は同じであるという前提から十戒を解釈するのではなく、聖書テクストとして十戒を解釈するという立場からすれば、「神の支配」を優先して求めていくべきでしょう。

2　第一戒　二十章三節

あなたにとって、わたしのほかに神々があってはならない。

イスラエル共同体の神であるヤハウェの自己啓示の本質となることばです。ヤハウェ宗教は一神教として提示され、その排他性が簡潔に述べられています。その説明の前に、周辺諸国の宗教的な状況について見ておきたいと思います。

パレスチナ地域においては、メソポタミアやエジプトのように政治的な統一国家が形成される機会は失われてきていました。政治的な支配権の範囲内（都市国家など）で各々が宗教的イニシアティヴを握っていた状況でした。これは同時に、強力な求心力を持つ教団の存在といった宗教的な統一の可能性がないことを意味していました。旧約聖書もウガリット語で記されたオリエントの文書群もそれを支持しています。しかし、パレスチナ地域内の各宗教がまったく独立して（他の宗教の影響を逃れて）存続していたということではなかったようです。逆にその固有の地域性のゆえに各々の宗教は形を変えて他の政治的な支配権に包括されたり、また他の宗教を自らの影響下に置いたりすることもまれではなかったと考えられています。そこにパレスチナの宗教の根底を支え、多様性を超えた類似を発見できるのです。

パレスチナ宗教の共通した点は多神教的な性格に求められます。加えて、それらの神々には擬人的な性格が与えられています。神々は生まれ、再生し、結婚し、産み、死ぬのです。例えば、神々の長はエルと呼ばれています（旧約聖書においても「神」という普通名詞の単語として用いられている語です）。このエルがすべての神々の父ともいうべき存在として考えられていました。ラス・シャラムと呼ばれる詩ではバアルについての言及が見られます。バアルはエルの息子とされてはいますが、中部ユーフラテス河で崇拝されていた「ダゴン」と呼ばれる神の子どもとしても理解されており、パレスチナの宗教にとっては二次的な存在であったようです。バアルは「主人」という普通名詞の意味を含んでいますが、宗教的な意味合いにおいては固有名詞化され、雷雨の神また戦争の神として考えられていたようです。

これらの代表的な神の周りには多くの神々が取り巻き、その神々は階層化され、その神話的システムが人間社会の階層化を根拠づけていました。日本の多神教の文化において、神々が互いに独立しているのとは違っています。パレスチナの神々は天体や自然など住民の生活にとって重要であると思われる領域を司りました。天体の運行と地上世界の動向は結び付けられており、人々は天体を注意していました。それゆえに、各天体（星々）と神々もやはり結び付けられていました。また、これらの神々の存在の視覚的な証明として儀式が行われました。儀式に関して資料が少ないという難点があるものの、ある程度どのようなことが行われていたか、その類推はされています。儀式は、祭司職にある者（王の場合もあったようですが）が主催して神殿において挙行され、おもに豊饒神についての神話的な詩（敵対者への残虐的行為と露骨な性的描写を含んでいたと考えられています）が朗唱され、公の犠牲がささげられていたようです。

このように見てくると、パレスチナの宗教がイスラエルの宗教とは本質的（神学的な観点から）には相容れないことは明白です。しかし、イスラエル共同体がこれらパレスチナの既成の宗教に影響されてしまったこともまた事実です。ここで両者の宗教的・思想的な緊張関係について考察することはできませんが、ヤハウェ宗教が周辺宗教のある外面的・祭儀的な側面を吸収した反面、それゆえに自浄作用が行われ、このヤハウェ宗教の進展がイスラエル共同体の歴史・アイデンティティに多大な影響と変化を与えたことは指摘しておきたいと思います。

以上のように、イスラエル周辺国は基本的に多神教の礼拝でした（一神教的性格を有した礼拝も一部ではあったようですが）。その神々は民族や部族を越えて共有され、多くの場合、自らが礼拝対象にしている神々以外の神々を礼拝する行為も認められていました。互いの排他性は周辺国では多くは見られなかったようです。それとは対照的に、「大きな物語」におけるヤハウェ宗教は、ヤハウェという一人の神を礼拝するばかりでなく、聖書の記述によれば、他の神々への礼拝行為も一切認めていません。確かに、歴史的に見れば、イスラエル共同体はバビロン捕囚を経験するまでは周辺諸国の神々を礼拝していたようです。しかし、聖書テクストとしては、ヤハウェの一神教としての性格を前面に打ち出し、その性格は旧約聖書全体を貫いています。十戒の第一戒はその一神教の考え方を律法から裏打ちする役割を担っています。

第一戒の中での文言についての解釈、翻訳が課題とされます。直訳は「あなたにとって、わたしの顔の前で他の神々があってはならない」になります。この「顔」という単語は、そのまま文字通りには理解することはせず、「存在」を比喩的に表現していると考えられます。そこで「わたしの面前で」「わたしをさしおいて」「わたしのほかにおいて」などと翻訳されてきました。このような翻訳の意図としては、この第一戒に他の神々を排除することを読み取っていると言えるでしょう。議論のある翻訳としては「わたしに敵対して」を挙げることができます。この「敵対」の場合のみ、第一戒の条件と解釈することができ、敵対しなければ他の神々への礼拝を認める可能性を示唆しているとも考えられているようです。とは言え、この翻訳の場合でも、他の神々への礼拝がヤハウェへの敵対行為であるという解釈も成立し、そのような理解の下では「敵対して」を条件と断定はできないことになります。いずれにせよ、第一戒は無条件の排他性の主張として解釈ができるのです。

このヤハウェ礼拝の排他性について、その起源に関して議論できます。モーセ時代にさかのぼらせることができるのか、あるいはより後代のバビロン捕囚後の時代にその起源を認めることができるのか、あるいはこの二つの時代の間の特定の時期なのか。現在の十戒の形式をモーセにさかのぼらせることはできません。むしろバビロン捕囚期以降に現在の十戒のテクストになったと考えることができます。しかし、だからと言って、排他的な一神教の考えが捕囚以前の時代までなかったとすることはできません。実際、預言書にはそのような考え方が残されています。初期・中期の預言者たちのことばは王朝時代に求めることができます。排他的な一神教の起源について考えるときに、以上のように考えることができます。ただし、ヤハウェ礼拝の起源をモーセ時代に求めることができたとしても、イスラエル共同体において他の神々への礼拝行為や民衆宗教があったことは指摘しておくべきです。すでにいく度も検討してきたように、ヤハウェ礼拝と他の神々への礼拝の並列的システムは歴史的な現実であったと考えられます。神殿が建立され、ヤハウェ礼拝が国家宗教化されても、そのような事態は変わりませんでした。むしろ組織的にその並列的な礼拝は促進されたと推察できます。バビロン捕囚後にイスラエル共同体は律法遵守という観点から自らの再建化を図り、そこでヤハウェ礼拝の排他性が共同体の中心的イデオロギーとされるにいたりました。そして、このような排他的なイデオロギーは旧約テクストに編纂されていったと考えられます。ヤハウェ礼拝の排他性の起源自体が古いものであると推定する立場であっても、旧約テクストとしての意味については後のイスラエル共同体の状況を無視してはならないのです。排他的な一神教の発生時期は正確に確定できないとしても、テクスト解釈としては、そのテクストが現在の形になるまでの成立過程を考慮して、一神教の意義を理解する必要があります。

次に、この一神教的の性格として、ヤハウェ礼拝を拝一神礼拝と見るのか、唯一神礼拝と見るのか、そのような課題があります。拝一神礼拝は、その共同体は一人の神しか礼拝しませんが、他の神々の存在そのものは受け入れている立場です。唯一神礼拝は、その共同体が礼拝している一人の神以外の神々の存在も認めない立場です。この議論は、現代のキリスト者にとっては、キリスト教の神観が唯一神教的であることに関わります。キリスト者として十戒を解釈する際に、唯一神としての組織神学的な前提が無意識にその解釈作業に入り込む可能性は高いと思われます。しかし、十戒のテクスト自体がそのような唯一神的な考えを前提としているのかどうか、それはキリスト者の見方とは関係なく考えておかねばなりません。

その答えとしては、シナイ契約が締結された「大きな物語」の文脈を考えれば、十戒における一神教の性格は拝一神的性格として解釈するのが妥当であろうと判断されます。出エジプト記前半で述べられているエジプトに下された災害は、エジプトで拝まれていた神々と関係すると思われます。エジプトの神々を上回る神ヤハウェの力を見せつけていますが、それは神ヤハウェ以外の神々の存在自体を認めなければ成り立ちません。ヨシュアが自らの死の直前にイスラエル共同体に要求したシェケム契約においても、他の神々の存在そのものを認める発言が記されています。

拝一神と唯一神とは無関係ではありません。両者について短く考えてみたいと思います。唯一神礼拝の可能性は旧約テクストに認めることはできます（イザヤ書後半、創造神学など）。唯一神的視点は拝一神的視点を前提とする必要はないでしょう。そのような発展史観を採用すべきという根拠を聖書テクストに求めることはできません。唯一神的視点はそれ自体で十分に成立する考え方です。しかし、聖書テクストに拝一神的視点がすでに述べられているという事実がある限り、唯一神的視点と拝一神的視点との関係性を考えてみること自体は間違っていません。いずれも一神教的な視点を共有しているからです。そのような関係を考える上で、聖書テクストとしての十戒解釈からすれば、十戒は唯一神的なビジョンを内包しているのかどうか、イスラエル共同体の未来に向けて唯一神的視点を持っているのかどうか、そのように問いかけることは可能です。

次に、唯一神的視点をめぐる現実を考えてみましょう。唯一神的視点がイスラエル共同体の内部で確立したとしても、その論理が現実化するには（イスラエルが関わる）周辺国がヤハウェを自ら礼拝し、唯一神的視点を確立するのを待たなければなりません。イスラエル共同体が唯一神的視点を持ちえても、周辺に他の神々を礼拝する人々がいれば、その人々への関わりは排他的拝一神教の立場と何ら変わりないことになるからです。現実が唯一神的視点から拝一神的視点へとイスラエル共同体の現実を移すことになってしまいます。例えば、創世記一章の創造物語は唯一神的視点を有しています。創造物語では神は唯一の存在であり、他の神々の存在はおろか、神の創造を手伝うような存在（天使など）も描かれてはいません。文字通り、神は唯一無比の存在として創造物語に登場します。同時に、古代中東における創造物語の性格を考えなければなりません。創造物語（あるいは創造神話）の重要な部分は、神が世界を創造したという事実の主張ではなく、どの神（あるいはどの神々）がこの世界を創造したのか、つまり創造の主体者の問題です。世界を創造した神（あるいは神々）が世界の支配者であり、その神（あるいは神々）を礼拝している者が現実の世界を支配する根拠を獲得します。聖書テクストにおける創造者としてのイスラエル共同体の神（ヤハウェ）の提示は、神ヤハウェの主権性の主張になります（ただし、イスラエル共同体は他国［特に諸帝国］に対して弱小という現実的な関係を考慮すれば、神ヤハウェの支配者としての性格は支配ではなく、他の神々への抵抗の意味を含んでいると言えるでしょうが）。唯一性の概念そのものが、他の神々の存在が前提となってはじめてその主張に意味を持ち始め、実質的には拝一神的な見方になってしまうのです。唯一神の主張が聖書テクストに認めることができるとはいっても、拝一神的な現実に直面してしまいます。

ただし、これまで拝一神と唯一神との議論をしてきたのですが、イスラエル共同体にとっての一神教の課題は、拝一神的視点と唯一神的視点との関係よりも、その一神礼拝に排他性が付与されているかどうか、にあると言えるでしょう。理論的に言えば、唯一神であれば排他性を主張せざるをえなくなりますが、拝一神である限り、排他性は必要条件でも十分条件ではなくなります。むしろ、排他性の主張のゆえに唯一神的視点が与えられていったと考える方が自然かもしれません。

この排他性のゆえに、神ヤハウェ以外の価値観を排除できるようになりました。他の神々やその礼拝に象徴される神ヤハウェ以外の価値観が古代イスラエル共同体を侵食し、堕落させたと考えられていました。それは、神ヤハウェのイスラエル共同体への裁きをもたらしたと理解されました。そのような堕落や裁きを避けるためには外からの価値観を防ぐ必要がある、そのような発想が生まれても不思議ではありません。実際、旧約テクストにはそのような発想に基づく記述が数多く残されています。また、ユダヤ教が成立した後には、この発想による社会秩序の形成への努力が律法遵守を中心に進められていきました。同時に、この排他性は他の共同体との関係に不寛容を生み出す結果になりました。外に由来する価値観の排除は、それを奉じる人々の排除へとつながっていったのです。もう少し正確に言えば、神ヤハウェの名による社会的な価値観に適わない人々を排除していくことになりました。その内なる価値観を本当に神ヤハウェの名による価値観として認めて良いのかどうか、そのような議論は差し止められます。なぜならば、その内なる価値観がすでに神ヤハウェの名によって流布しているのであり、それに疑義を持つこと自体が神ヤハウェを冒瀆することになりかねないからです。排除という論理は、自らの身を守るという発想のみに陥ったときに、そこに生きる人々の現実を見失わせてしまう危険性を持ちます。イエスの物語にはそのような社会形成の実態が反映されており、その考え方を巡ってイエスはユダヤ教の権力者と対立します。神ヤハウェの礼拝における排他性の必要を認めるにせよ、律法に示された人を生かすという観点が忘れられてはならないのです。その観点が失われたときに、律法主義的な生き方となっていきます。

第一戒は、一神教の貫徹を目指した内容であるといえるでしょう。それは拝一神教的であったとは言え、神ヤハウェのみを認める神学でした。十戒だけでなく旧約テクストや旧約神学全体にも多大な影響を与えていったのです。

3　第二戒　二十章四〜六節

上の天においても、下の地においても、地の下の水においても、あなたはどのような彫像やいかなる像を作ってはならない。あなたはそれを礼拝してはならず、仕えてもいけない。わたしはあなたの神ヤハウェ、妬む神である。わたしを憎む者たちの罪を、父たちからその子孫の三代、四代にまで及ぼす。しかし、わたしを愛して、わたしの戒めを守る者には、幾千代にもわたたって恵みを与える。

まずは、この戒めの文言としての特徴を見ていくにしましょう。第一戒と比較して、直接の命令以外に説明書きが加えられていることが観察されます。戒めの最初に、この世界を空間的に縦に三つに分けて（上の天、下の地、地の下）描いています。これは旧約聖書が書かれた古代中東の世界観を反映しています。創世記冒頭の創造物語にもこの世界観（ただし、この物語には地の下は省略されています）が表れています。天は堅いドームでできた何層にも重なった空の上にあり、神の住まいとして考えられていました。水が蓄えられ、空の窓が開けば雨が降ってきます（創世記七章十一節）。地は命あるものが生活する空間です。人間を含めた動植物が生きている場所です。地の下は死者が行くべき所です。このように、三区分による世界の描写は、世界全体を表現しています。各々において像を作成することが禁じられているとは、この世界のどこにも像を刻んではならないことを意味しています。

次に禁令の形で命令が書かれています。この戒めの最も重要な部分ですから、その詳しい意味は後に考えることにします。内容としては、像を作成することの禁止になっています。

第三に、神ヤハウェの自己理解について述べられています。十戒の序論部分で神ヤハウェは自己紹介をしていますが、十戒の本文の中で自己理解について書かれているのはこの箇所だけです。第二戒での神ヤハウェの性格描写の表現は「妬む神」です。この性格描写は他の聖書テクストでもたびたび用いられ、「情熱の神」とも翻訳されることがあります。一般的に〝妬む〟という感情は消極的に理解されることが多く、あまり良い印象を与えません。それを神ヤハウェに当てはめて表現することは、旧約テクストの読者には大きな衝撃を与えます。そのような厳しい表現を使用するほどに、神ヤハウェの性格の強さが表されていることになるのでしょう。「妬む神」という表現は、イスラエル共同体が神ヤハウェを裏切って、他の神々の礼拝に参与している状況に対して使用されています。例えば、出エジプト記三十四章では、金の子牛像を礼拝するイスラエルの民を叱責することばの中に「妬む神」という表現が登場します（十四節）。つまり、像の作成の禁止は、他の神々への礼拝の禁止と結びつけて考えられていることになるのです。それは、この第二戒には第一戒との関連があることを意味しています。

最後に、神ヤハウェの約束が祝福と呪いの観点から記されています。祝福と呪いの内容についてはとくに示唆されていません。祝福とは、人々の生活が守られて、尊厳をもって生きていくことと理解しておきたいと思います。逆に呪いは、何らかの理由で人々の生活が脅かされ、安定を欠いてしまう状態と理解しておきます。ただし、この約束の中で祝福と呪いとのバランスは欠いています。祝福をより重視している書き方になっていることに注意しておきたいと思います。呪いは三代、四代とされています。当時の一家族が三代や四代にわたって暮らしていたとするならば、その呪いはその世代だけに限定されたものになります。一方で、祝福は幾千代にもわたると表現され、限りない神の祝福が約束されています。この約束で大切な問題となるのは、神ヤハウェに対する関係が祝福と呪いとを分ける基準のように描かれていることです。このような書き方は、シナイ契約や申命記に関わる記述ではよく見られることです。この基準を、祝福を獲得するための条件と考えるべきでしょうか。もし条件とするならば、神ヤハウェのへの信頼・服従と神ヤハウェからやって来る祝福とを交換することになってしまいます。このような取引は、聖書の契約の本質ではないことはすでに検討したことです。聖書の契約は神ヤハウェとイスラエル共同体との信頼に基づく関係性であり、この関係の維持に契約の目的を認めてきました。関係性が優先されるべきとするならば、祝福と呪いはその目的ではありません。神ヤハウェの価値観を大切にしていくならば、人々はその平和と福祉の恩恵を生み出すあり方を求め、そのような祝福を互いに享受して生きていくことができます（祝福の実現）。一方、神ヤハウェを憎んで軽視するならば、その価値観に生きようとはせず、神ヤハウェの平和と福祉を求めようとはしなくなります。その結果、人々の生活は不安定となり、危険に脅かされてしまいます（呪いの実現）。基準としての神ヤハウェへの態度には、このような意味があるものと考えておきます。祝福への取引の条件として神ヤハウェとの関係を捉えるべきではありません。むしろ、その関係のあり方がどのような結果をもたらすのか、ここに祝福と呪いの約束の意義を求めることができます。第二戒の後半のヤハウェの自己理解とヤハウェの約束（祝福と呪い）の記述は、各々この禁令が定められた理由と有効性を強調する役割を担って、第一戒にも及ぶような内容になっています。

では、第二戒の禁令そのものについて観察していきましょう。この第二戒の主要な内容は、像あるいはイメージの作成の禁止です。もちろん単純な命令ではありません。礼拝対象として像を作ることを禁じていると考えて良いでしょう。つまり、神ヤハウェとイスラエル共同体との関係からこの第二戒を検討しなければならないのです。

ここで課題となるのは、禁じられている像が何かです。ここで二つの解釈の可能性が生じます。まず、神ヤハウェ以外の他民族の神々の像の作成を禁じているという解釈です（解釈A）。これは第二戒の文面から理解されます。すでに指摘したように、「妬む神」という句の使用は、他の神々への礼拝行為がこの戒めに含意されているとの考え方を支えるものです。この解釈では、第一戒（神ヤハウェ以外の神々への礼拝の禁止）と第二戒とを重ねていることになります。

次に、この像の禁止の範囲は、イスラエルの神であるヤハウェにまで及ぶという解釈です（解釈B）。つまり、周辺諸国の神々の像だけでなく、神ヤハウェの像を作成することを含めた戒めと理解します。神ヤハウェは像として表現されることを拒絶していると解釈されます。

現在の旧約テクストの文面と旧約神学の立場とを考慮すれば、両方の解釈を含めても問題はないでしょう。両者がとくに矛盾する内容を含んでいるとは考えられません。同時に二つの可能性を認めることはできると思います。ただし、二つの意味を持つということは、イスラエル共同体内おける現実としては、各々違った意味づけがされることでもあります。つまり、解釈上、二つの可能性は各々別途に検討できるということです。

解釈A

他の神々の像の作成を禁じる内容は、第一戒の命令の繰り返し、あるいはその具体例の提示になっています。古代中東において、神々の存在認識のために像が用いられました。神々の礼拝場所である神殿には神々の立像が安置されて、その像に向かって礼拝行為が行われていたようです。ただし、その物質（木材、金属、粘土など）としての像は文字通りイメージであり、神々の表現形式にすぎなかったとも言われています。つまり、宗教的な感覚・思想として、そのイメージである像そのものが神々であるとか、その像が生きているとか、そのようには考えていなかったという主張があります。それらのイメージ化された像を通して見えない存在である神々を礼拝している、そのように考えられます。神々のイメージを視覚に訴えることで、その神々の存在や啓示を確認することになります。いずれにせよ、他の神々の像イメージを作成し、それを通して神ヤハウェ以外の神々を礼拝することは、聖書テクスト全体を通じて相容れない姿勢であり、排除されるべき考え方となります。

解釈B

これは、神ヤハウェへの礼拝そのものに関わってきます。ヤハウェの自己啓示は像を通じては行われないことを意味します。神ヤハウェは自らが視覚的な像として提示されることを拒絶し、イスラエル共同体が像を通じてヤハウェを礼拝することを認めないのです。このような像の作成禁止は他の中東周辺諸民族には見られない特徴であると考えられています。

確かに、ヤハウェ礼拝を象徴的な事物に重ね合わせるような記述は見当たります。創世記には、視覚的なイメージとしての神ヤハウェの啓示が観察されます。神ヤハウェがアブラハムと見える形で対話しています（創世記十八章十三節）。民数記二十一章四節以下に、青銅の蛇に関する記述が登場します。蛇による苦難の経験（放浪の民が述べる不満に対する神ヤハウェの裁きであると理解されていますが）からの救済のために青銅の蛇の像が作成されました。その青銅の蛇は竿に掲げられ、それを仰ぎ見る者は助かったことが記されています。もちろん、青銅の蛇の像と神ヤハウェが重ね合わされてはいませんが、像を見ることで救いが達成されるとの記述は、聖書テクスト全体の主張から考えると違和感があります。この記述の背後には蛇礼拝などの民間信仰の伝承が存在しているのかもしれませんが、少なくとも民数記のこの記述においては蛇の像は積極的に評価されています（ただし、列王記下〈第二〉十八章四節では、ユダの王であるヒゼキヤはこの青銅の蛇の像を砕いたと記されています）。

士師記十七〜十八章において、ミカという人物がエフォド（エポデ）とテラフィムを独自に製作している様子が描かれています。この時代はまだイスラエル王朝が登場する以前であり、ヤハウェ礼拝に関する形態や教えがまだ統一されていなかった時代でした。像の禁令という公式の律法とは違い、民間レベルではさまざまな像を作って礼拝していた可能性を示唆していると言えるでしょう。実際、この記述には、士師時代の混乱した状況が生み出したと解釈が添えられています。士師記を生み出した申命記神学（士師記から列王記までの一連の歴史書の基本的な神学を指します）としては当然、このような像に通じるような記述は否定的に扱わなければならないはずです。なぜならば、申命記神学にとって、ヤハウェ宗教はつねに統一されていなければならなかったからです。

エルサレム神殿におけるケルビム像（列王記上〈第一〉六章）や北イスラエル神殿における金の子牛像（列王記十二章）は、どのように考えるべきでしょうか。ケルビムは創世記三章に神ヤハウェの使いとして登場します。契約の箱のふたに当たる部分（贖いの座）の装飾としても用いられています（出エジプト記二十五章十七節以下）。このようなケルビムは、エルサレム神殿においては見えないヤハウェの足台と理解されています（列王記上〈第一〉六章二十七節）。金の子牛について、アロンがそれを偶像として作成し、奴隷の民を間違った道に導いたと記されています（出エジプト記三十二章）。北イスラエルの人々は金の子牛像を二体つくり、ベテルとダンに安置して礼拝したと聖書テクストは語り、同時にその礼拝を糾弾しています。ここでは、金の子牛を像として礼拝する行為そのものよりも、イスラエルを分裂させ、エルサレム神殿の承認のない（つまりダビデ王朝から独立した）ヤハウェ礼拝を行った北イスラエルの政治・宗教政策への非難と解せます。金の子牛像もケルビム像と同様、足台あるいはヤハウェを指し示す象徴物と理解することができます。神ヤハウェは刻まれることを拒絶していると理解されたので、礼拝場所にはその立像は安置されませんでした。その代わりに、その足台（ケルビム像や金の子牛像）を置くことで礼拝する物理的な方向を定めたと考えられます。

以上のように、像を刻むことは禁じられながら、神ヤハウェにつながるようなアイコンが作られていて、それが何らかの役割を果たしていた当時の状況を聖書テクストは描いています。角度を変えて言えば、神ヤハウェがイメージ化されてしまう可能性がつねにイスラエル共同体にあったということであり、現実にそのような状況が存在していたのでしょう。聖書テクストは、神ヤハウェがイメージ化される状況に宗教的・政治的な危険性を見出していたと言えます。神ヤハウェの立像の拒絶、その代わりとなるケルビム像や金の子牛像の安置などを考えると、神ヤハウェのイメージ化の危険はヤハウェ礼拝や神殿の正統性の課題にも及んでいたと考えられます。

もちろん、ヤハウェ礼拝の正統性の論証が第二戒の主要な意図ではありません。神ヤハウェのイスラエル共同体への支配の観点から解釈すべきです。イメージとして像を作成することは、イスラエル共同体が持っているヤハウェの外形のイメージを表現することになります。そこにはイスラエル共同体の神ヤハウェに対する主導権が見え隠れします。イメージを作る瞬間において、作る側は作られる側を支配しています。そして、より大きな問題は、その主導権は外形だけでなく、神ヤハウェの性格・価値観にまで及んでしまうことです。イメージすることは、その背後にある価値観や考え方が基になっています。そのような基礎がなければ、誰も具体的なイメージを持つことはできません。その像が具体的な形になるとは、そこに何らかの意味づけをしていることになります。像が剣を持っているならば、その神は戦いを司る存在としての意味づけがなされていると言えるでしょう。

イスラエルの物語を像やレリーフとして刻むことはできます（実際、後のキリスト教会は聖書物語を文字の読めない人々に視聴覚教材として伝えました）。同時にそのイメージは、イスラエル共同体が神ヤハウェを意味づけすることです。そこには、イスラエル共同体が自らの欲望を神ヤハウェのイメージに反映させてしまう誘惑と危険性がつねにあります。像を通してイスラエルは神であるヤハウェを支配し、自らの欲望を実現させる関係を築いてしまう危険性です。これは、神ヤハウェの主権性とイスラエル共同体の使命との観点から受け入れられません。もちろん、像の作成を禁じたからといって、イスラエルのヤハウェへの服従が保証されるわけではないでしょう。しかし、像の政策の禁令は、少なくともヤハウェの価値観としてその支配権の宣言と解釈できます。これまで検討したように、世界の三分法（天、地、地下）に基づく記述は、その支配権と関連づけられます。「妬む神」という表現も、非常に情緒的ではありますが、ヤハウェの主権性と排他性とを指し示す句として理解されます。この第二戒は、神ヤハウェのイスラエル共同体に対する主権の確保として解釈することができます。

このように、自己の主権性の証言のために、視覚的イメージを通して自己啓示することを拒否する神としてヤハウェは描かれています。その代わりに、神ヤハウェはことばによる自己啓示を選択しています。幻や象徴が用いられていることはあるにせよ、ことばは旧約テクストにおいて一貫した神からのコミュニケーションの手段です。神ヤハウェからの語り、律法授与、預言行為、ことばの記録などが旧約テクストに見られます。ことばによる伝達の詳しい意義そのものは聖書解釈学に譲らねばなりませんが、ことばとその記録としてのテクストは視覚による啓示よりも解釈者に制限を加える効果を持つと言えます。ことばは具体的な指示や説明をその聞き手や読み手に対して行うことができます。例えば、創世記の洪水物語を考えてみましょう。物語には洪水の経過だけではなく、それが起きた理由が説明されています。神ヤハウェは人間の暴虐を見て、人間を創造したことを後悔し、人々を滅ぼそうと考えたとあります。このような説明は、洪水物語を解釈する者に対して、その方向で解釈を行っていくことを要求します。テクスト上、洪水の原因を何かの自然の天変地異として解釈することはできなくなります。あるいはヨブ記の物語についてはどうでしょうか。ヨブが経験する苦難は、神ヤハウェとサタンとの取引によって起こされました。物語としてヨブにはそのような原因について一切何も知らされない一方で、読者にはその原因が明かされています。ヨブ記は読者に対して、苦難の原因の解釈についてそのような「取引」という方向性を与えています。洪水物語にしても、ヨブ記にしても、それらを視覚的イメージとして描くことは可能です。神ヤハウェとサタンとの会話についてその姿を絵画やレリーフで表現することはできると思います。しかし、その絵画だけでは、その会話の内容まで把握することは非常に困難です。この会話とヨブとに何らかの関連性を認めることができても、取引の内容を知ることはできないでしょう。絵画を見る者にとって、その絵画の解釈の可能性が広がってしまいます。会話の内容について想像をたくましくすることができるのです。しかし、ことばによる説明は、その点で解釈の幅を狭くし、解釈者に制限を加えることができます。取引として会話が成り立っているのであれば、それ以外の解釈は許されません。

もちろん、視覚的イメージによる啓示とことばによる啓示とは、程度問題とも言えます。そのような意味では、ことばによる啓示によって、像の作成禁止で意味されているイスラエル共同体の神ヤハウェの利用という危険が完全には払拭されるわけではありません。ことば・テクストによる啓示にも限界があります。その大きな原因の一つは、ことばの読み手や解釈者の役割の大きさです。聖書テクストが実際に示している通り、神の啓示が像といった視覚によるものではなく、ことばによるものであったとしても、イスラエル共同体は自らの生き方のために神ヤハウェのことばを誤解・誤用しました。その結果の一つが、律法主義と呼ばれる生き方です。ことばによる啓示が完全ではないことは聖書自身が語っていることです。このように、ことばによる関係性においてもヤハウェの主権性と排他性は維持されなければなりませんし、それはそのような意識に基づいている必要があります。次に見ていく第三戒は第二戒とは違った視点（つまり、ことばの視点）から、ヤハウェのイスラエル共同体への支配権を述べています。

4　第三戒　二十章七節

あなたの神であるヤハウェの名をむなしく唱えてはならない。その名をむなしくする者を罰さずにはおかない。

第三戒は、神の名についての戒めになっています。形式的な特徴として、神への言及が第一戒、第二戒では一人称であったのが、第三戒では三人称へと変わっていることが挙げられます。伝承史的には、各規定の起源の違いにその理由が求められます。テクストとしては、人称の変化については何も説明がされておらず、その理由は不明です。戒めを授与する主体が形式的には、イスラエル共同体自身となっています。より正確には、共同体の内部の誰か（先祖なのか、指導的な立場の人々なのか）が他の共同体の人々に向けて戒めが語られているという形です。もちろん、そのようなテクストの形式とは言え、それが律法における神ヤハウェの主権性を否定しているわけではありません。律法は契約の下にあり、その契約の主権者はあくまでも神ヤハウェです。この視点はつねに十戒の理解では重要です。形式としてのテクストの主体者の確定はその解釈にとって大切な要素ですが、その主体者がテクストによって最も重要な位置を占めているかどうかは決まりません。旧約テクスト全体のコンテクストによって決まってきます。十戒の解釈では、律法の主権者であり授与者であるのは神ヤハウェであることは揺るがせないコンテクストになっています。

次に、戒めの違反への警告が記されていることに注意をしてみましょう。第二戒でも違反への警告が呪いの実現として記されていました。第二戒において呪いの内容が明示されていなかったように、第三戒でも罰とされている内容への具体的な言及はありません。違反への注意・警告として理解されているだけです。罰に関することばが記されていますが、十戒の断言法としての意義が反映しています。違反行為がヤハウェの意思に逆らうことを意味する、その点を語っているにすぎないと言えます。

第三戒の内容は、神の名を濫用することの禁令です。この戒めそのものを考える前に、名をめぐる議論をしてみたいと思います。旧約聖書では、名はその名を所有する人格や存在意義を表現するものとして理解されているようです。例えば、創世記二章で最初に創造された人間にはアダムというヘブライ語の普通名詞が当てられています（五章では系図にアダムの名が入れられて固有名詞化しています）。最初の人間は赤土から粘土をこねるように造られました。ヘブライ語のアダムは赤土を意味する語アダマに由来していると示唆されています（創世記二章七節）。つまり、アダムである者はアダマから取られている、それはアダムである者の命運を暗示し（創世記三章十九節）、アダムの存在の意義を語っています。名は誰かから与えられます。人が自分で作った名で自己を紹介することはあるにせよ、その人物の最初の名は誰かから与えられたことに間違いはないはずです。その名づけという行為は、その主体者が対象者に対する（一時的にせよ）支配を意味します。（少なくとも名づけられるという段階では）名は受け身的とも言えるでしょう。これも創世記二章から考えてみたいと思います。最初の人間のパートナーとして動物が創造されます（十九節）。その動物に対して名をつけるのは創造者である神ヤハウェではなく、最初の人間でした（二十節）。名をつけることで動物を支配していることを暗示しています。これは創造物語の自然観とも軌を一にしています（創世記一章二十六節）。また、最初の人間はパートナーとして与えられたもう一人の人間に〝女性〟という名を与えています（二章二十三節）。それは、男性が共同体を支配するという、古代における父権制度の考え方を反映しています（もちろん、現代の性差に対する考え方は別途に議論しなければなりません）。その一方で、旧約聖書には他者から名づけられない存在があります。それは、神ヤハウェです。神ヤハウェはモーセに対する自己啓示のときに、自らの名を「わたしはあってある」と述べます（出エジプト記三章十四節）。また、ヤハウェという名をモーセに伝えます（出エジプト記六章二節）。いずれも「存在」と関連づけて自らの名前を語っています。ヤハウェは、他者から名を与えられるような存在ではありません。自らが存在し、他者を存在させる者として自己を啓示しているのです。つまり、神ヤハウェは他の誰からも支配される存在ではないのです。

名を持つ存在は、他者と関わるのに、名を呼ぶという行為から始めます。名を呼ばれる者は、呼ばれるという受け身の行為からその関わりを始めることになります。呼びかける側は、相手の注意を自ら惹くという点で、支配的な関係（少なくとも主導的な立場）に入ります。新約聖書において、イエスが悪霊と対決するシーンがいくつか描かれています。その中でイエスが悪霊の名前を明らかにする場面がありますが（マルコ五章一～二十節）、イエスは悪霊に呼びかけ、その悪霊に名乗らせることで戦いの主導権を取り、気勢を制するという意味があったとも考えられているようです。神ヤハウェとイスラエル共同体との関係はどうでしょうか。聖書テクストには、神ヤハウェからイスラエル共同体に呼びかける記事を多く発見することができます。逆に、イスラエル共同体から（あるいは、その中の誰かが）神ヤハウェに呼びかける記述もあります。ここで注意しておきたいのは、神ヤハウェもイスラエル共同体から名を持つ者として「呼びかけられる」対象となっていることです。一時的にせよ、神ヤハウェの被支配的な立場が認められているのです。ここに、ことばを媒介とする関係性の危険、つまりイスラエル共同体が神ヤハウェを支配しようとする素地の一つを見出すことができます。関係性はつねに完全ではありません。最初に予定されていた関係性は、その関係が続く中で変化してしまうものです。イスラエル共同体に対する神ヤハウェによる支配が、両者の関係のあるべき姿です。しかし、一瞬であれ、その関係性が崩れてしまう、あるいは逆転してしまう危険があるのです。その一つが、神ヤハウェの名を呼ぶという行為に見出すことができます。だからと言って、神ヤハウェの名を呼ぶな、と言っているのではありません。イスラエル共同体は神ヤハウェとの関係を維持する限り、神ヤハウェをその名をもって呼びかけなければなりません。だから、その名を使って呼びかけるときに、神ヤハウェを支配するような意志や姿勢を持たないように警戒しなければならないのです。

第三戒を犯さないために、後のユダヤ教は神の名ヤハウェを唱えることをせず、神名ヤハウェを他のことばアドナイ（わたしの主人）に置き換えたと言われています。このような拡大解釈は、神の名であるヤハウェという発音を忘れさせただけでなく、第三戒のテクストの意義をも失わせかねない状況を生んだと言えるでしょう。つまり、第三戒は神の名ヤハウェを唱えるなと命じているわけではなく、神の名を「むなしく」唱えるなと言っているのです。その趣旨は、神の名によって神自身を利用することを禁じることでした。神の主権性が奪われてしまうことを防ごうとしているのです。このような趣旨に沿って第三戒を理解しなければなりません。

この第三戒を第九戒（隣人に関する偽証の禁止）と関連づける試みがなされてきました。確かに、その可能性は否定できないでしょう。裁判などにおける証言には根拠づけが求められますが、それが神の名ヤハウェによってなされることで、その証言の信憑性が維持されることになります。そのように考えれば、「みだりに」とは、神ヤハウェの名を軽視して、偽の証言を可能にすることを意味します。しかしここでは、第二戒との関連性を考慮し、上記で議論した「名」の意義を視野に入れながら考えを進めたいと思います。すなわち、もう一度、ヤハウェの主権性の課題を取り上げることにします。

「むなしく」ということば（「みだりに」と翻訳される場合もあります）を、ここでは濫用と理解しておきたいと思います。濫用とは、「一定の基準や限度を超えてむやみに使うこと」と定義されています（デジタル大辞泉）。つまり、本来の使用意図や制限から逸脱して、当事者の利己的な目的で使用することと考えて良いでしょう。「神の名を唱える」とは、単なる個人的な呼びかけではなく、礼拝行為、宗教的価値観、社会的価値観に結びついています。イスラエルが宗教共同体としてヤハウェへ礼拝をささげ、ヤハウェから与えられる価値観に沿って自らの社会を形成していくという意味が込められています。つまり、第三戒はイスラエル共同体という公の問題なのです。ここで課題となるのは、礼拝行為あるいは社会的価値観の形成のプロセスです。どのようにヤハウェからイスラエル共同体に対してことばによる啓示がなされたのか、これにはさまざまな議論があります。現実の神の〝肉声〟を想定する人たちがいると思います。あるいは、預言者など誰かが発したことばを神のことばとして理解した、との意見もあるはずです。ただ、どのような神ヤハウェの語りであるにせよ、それを受領し、次に布告・宣言するのは人間であることには変わりありません。神からの語りはヤハウェの名によって歴史的にある特定の人々が理解し、その人々が他の人々（最初の受領者とは時間・空間を共有しない人々を含めて）へ伝達します。つまり、啓示の受領が神の〝肉声〟であったとしても、すべての人々がそれを経験していない限り、そのことばは人間のことばによって伝えなければならないのです。そのことばが神ヤハウェに由来することを主張するために、神の名を唱えることで、その名を使用するはずです。「神の名を唱える」には、「神の名」による人間同士のコミュニケーションをどこかで含まざるをえません。ここに、神の名を現実的に濫用してしまう危険性が生まれてきます。神の名によって礼拝がなされ、社会運用が行われますが、悪く言えば、その主体者（祭司、王、官僚など）は自らの利益のために神の名によって律法や伝承を解釈し、それに基づいてイスラエル共同体の民を導くことができるようになります。それを物理的にチェックする手段は、基本的にはありません。一方では、神の啓示を伝えられるイスラエルの民も神ヤハウェの名によって自らの都合だけで利益を求め、そのような態度で神ヤハウェの意志を理解しようとするならば、それも神の名の濫用に当たるでしょう。神の意志を優先させなければならないという基準から逸脱しているからです。神の啓示を伝える側、それを伝えられる側、いずれにあっても自らの利益のために神の名を誤用することに警告を与え、神の価値観に沿わずに神の名を用いることを禁止するのが、第三戒テクストの意義と考えることができます。

一つの課題として挙げることができるのは、聖書解釈に通じることですが、時代・場所ごとでイスラエル共同体は伝承・律法の解釈を変えていきましたし、その必要性に迫られていったことです。その変更基準は、律法の読み手のコンテクスト（社会的な状況）によります。律法には家畜飼育者に対して設けられた内容が含まれています。例えば、家畜が誰かに損害を与えた場合の賠償責任のあり方などが定められています（出エジプト記二十二章四節以下など）。しかし、イスラエル共同体に属する者の中から都市生活者が生まれていきます。そのような人々にとっては、このような家畜に関する規定は実質的に意味がなくなってしまいます。あるいは、幕屋における犠牲についても、バビロン捕囚以降に設立されていった会堂では犠牲をささげることができなくなったので、やはり律法解釈の変更が必要だったと考えられます。安息日に会堂で礼拝をささげるようになると、その行き帰りが労働に当たるのかどうか、そのようなことも議論せざるをえなくなりました。社会的な変化の中で律法を適用させようとすると、解釈を変えるとか、ある律法を実質的に無効にして扱うとか、そのように社会の側の実情に合わせて律法に対応することになります。ここで、誰が社会的な変化の評価を行うことができるのか、またそれにともなう律法への新たな具体的な対応について誰がそれを決める資格を有しているのか、そのようなことがまず問題となります。次に、そのような対応が神の意志に適っているのかどうか、その評価も重要な課題となります。律法への新たな対応が神の意志を優先するものではなく、イスラエル共同体の都合による危険性はつねにあります。律法への新たな対応は神ヤハウェの名によって行われることになりますから、イスラエル共同体を優先させる危険はこの第三戒に示された神ヤハウェの主権性を侵害することへと直結します。そのように考えていきますと、神の名を「むなしく」唱えてはならないのであれば、どのようなことが具体的に「むなしい」ことなのか定義されていない限り、神の名を唱えること自体を止めてしまえば問題がなくなることになります。しかし、そのような問題解決の方法は安易であるとしか言えません。神の意志を誤用し、その名を濫用してしまう危険性という観点からこの戒めを理解しようとするならば、絶えず、第三戒の意義は現実に返され、その現実と対話していかねばならないのです。

もちろん、このような課題は古代イスラエル共同体の問題だけではありません。現代のキリスト教会においても真剣に取り上げられるべき課題です。教会には旧約律法が正典として与えられているだけでなく、新約聖書も与えられています。そこには、イエスのことばや聖書記者たちのことばが命令・訓戒・勧告として記されています。加えて、キリスト教会として歴史の中で培ってきた伝統や慣習があります。また、各教派や各教会が独自に持つ規則や伝統もあり、それは具体的に教会に影響してきました。過去に立ち上げられたそのような命令や勧告について、それら命令・勧告を支える価値観を理解して、その上で生きている人々の価値観と対話させなければならないと考えます。表面的な文字理解だけで、命令・勧告を現代に適用しても無理が生じます。むしろ、時代間の価値観の違いから、命令・勧告を理解すべきでしょう。しかし、そうではあっても、この対話において何が優先されるべきなのか、その議論はつねに起こります。その議論の渦中において、神の名やイエスの名が濫用されていないか、その名によって教会が神の意志に逆らうことを発していないかどうか、が問われ続けます。神の主権性の維持という側面と、それを口実にして人間が神の意志を実質的に無視してしまう危険性、教会が聖書を基盤として生きている限り、この緊張は避けられないことです。第三戒の意義はこのような緊張に求められます。

5　第四戒　二十章八～十一節

安息日を心にとめて、それを聖としなさい。六日間は働いて、なすべき仕事をしなさい。第七日はあなたの神ヤハウェの安息の日であり、あなたはどのような仕事もしてはならない。あなたの息子、娘、男性の奴隷、女性の奴隷、家畜、あなたの門の中の寄留者も同様である。なぜならば、ヤハウェは六日間で天と地と水とそこに生きる者を造り、第七日に休んだからである。ヤハウェは安息の日を祝福して、それを聖とした。

まずは、文言としての特徴を観察してみましょう。単純命令から始まりますが、戒めの主要な内容はやはり禁令になっています。ただし、構造はいくつかの部分に分かれています。

a　規範の提示

①冒頭のことばは、安息日を特別な日とすることを求めていますが、安息日の具体的な内容はまだ述べられていません。むしろ、この戒めに関する読者への注意喚起として機能しています。
②六日間の労働を求める。

③安息日（第7日）に労働することが禁じられています。ここではじめて、安息日に対して具体的に内容へ言及されています。それは律法の直接的な対象者（成人男性と考えられている）だけでなく、その経済支配下にある人々や動物にもこの命令が適用されることが言及されています。ただし、禁じられている労働の内容は明示されてはいません。

b　理由の提示

次に、安息日の制定理由が述べられています。出エジプト記二十章八～十一節と申命記五章十二～十五節とにはともに十戒の一つとして安息日規定が記されており、両者の規定の構造は同じと言って良いでしょう（安息日規定への喚起・六日間の労働の命令・第七日における労働の禁止・規定制定の理由）。両者の大きな違いはその制定理由にありますので、その点を見ていきます。

①申命記五章十五節

イスラエルがエジプトから解放された歴史的な救済の記念が、安息日を守る理由となっています。この理由の提示の仕方だけでは、奴隷状況からの解放が神ヤハウェの主導権によって実現したことが述べられているだけで、救済の内容については詳しく記されていません。出エジプト記の物語を見ていくと、この救済はヤハウェ信仰への自由だけでなく、強制労働からの解放と政治

・経済などの社会的レベルでの独立自治を意味しており、安息日が（特に被支配者の）解放と自由を実現することに関わっていることが解ります。

②出エジプト記二十章十一節

創造における神の休息に安息日遵守の理由が求められています。安息日規定が創造の秩序として捉えられています。申命記版とは対照的に、ここでは安息日の由来として歴史的な要素に焦点を当ててはいません。むしろ、歴史を超えた意義を求めています。つまり、この世界の基本的な秩序として安息日が理解されているのです。同時に、創世記一章の物語が創造秩序を命の発生とその維持という目的において描いているとするならば、安息日規定も命に関わることとして理解できます。

安息日規定の設定理由の内容の違いについて、その由来を聖書テクストは語りません。ここでは各々互いに違った伝承を背景に持っていると推察するのに留めておきましょう。むしろ、両者の関係の捉え方が重要です。この二つの理由の内容はかけ離れているように思われます。一方は解放について語り、もう一方は創造について記します。解放と創造は別の神学的な領域として扱われるのが通常でしょう。実際に、この二つの理由をそれぞれで検討することができます。しかし、互いに違う理由はいずれも、（現代のことばを使えば）安息日規定を人間の尊厳回復という文脈の中に置いて考えることができます。それは福祉に関わる社会の理想像の表現とも言えます。解放という出来事はまさに、そのような内容を含んでいます。肉体的・精神的・政治的・経済的・社会的に抑圧されている人々をその苦難から解放し、尊厳の回復を目指す神ヤハウェの行動です。創造について考えると、神ヤハウェが目指す創造の秩序はヤハウェ自らの価値観の実現です。その価値観は、人間が互いの尊厳を守ることであり、そのために助け合って生きていくことです。これは、解放の考え方に通じています。むしろ、解放の考えによって創造の意義が明らかにされると言う方が正確です（本書の「大きな物語」の第二のシナリオ）。安息日規定に記された二つの理由はその内容を異にしているとは言え、安息日の意義について、違った場所から同じ方向を指示しています。逆に言えば、その理由の方向性を無視しては安息日規定の内容は理解できないことになります。

次に安息日の規定そのものの意義について考えてみましょう。

a　労働の意義

規定には、週内の六日は働くように命じられています。十戒以外にも聖書テクストには労働について語られています。それは、まず創造と結びづけられています。創世記一章の創造物語では被造物への管理責任が述べられています。人間は被造物としての存在意義を持つだけでなく、自然に対して働きかける役割を担わされています。それは、労働を通じて果たされることになります。創世記二章では、「園」の土地を耕す労働に言及されています。「園」の外で創造された最初の人間は、「園」に置かれて、管理することが求められるのです。労働は人間が人間として生きる条件の一つとして語られています。ただし、「園」における労働は、生きていくことそのものを目的とする労働としては述べられていません。命の保証が与えられた労働のように描かれています。労働に過酷さと苦しみがともなうことは創世記三章に述べられ、人間と神との関係の破壊、人間同士の関係破壊の結果として記されています。人間の人間に対する支配という状況で、労働は苦しみをもたらすのです。まとめれば、神が人間に労働を与えたのは、苦しみを与えるためではないこと、むしろ人間と自然との関わりを正しく維持しながら両者が生きていくことを目的にしていること、そのように解釈されます。この理解を踏まえて、第四戒における六日間の労働の命令は、日常の生活において労働がなければ誰も生きていけないのであり、労働そのものは人間にとって必要なことを前提にしています。労働そのものにそのような意義を与えられます。

しかし、神の意図に沿った形で労働が行われたとしても、肉体的・精神的な疲労を避けることはできません。そこで、身体の問題だけでなく精神性や社会性を含めた、人間性全体の回復が求められます。そこに労働と安息との関係を認めることができます。再び人々が個々人として共同体として生きていけるために、安息は与えられるべきなのです。また、イスラエル共同体は、さまざまな理由で休めない人々に対して安息日には休めるように配慮し、そのような社会システムを構築するように求められています。安息日を遵守できないから神の祝福を失っていると考えることは、安息日規定の目的から見れば、本末転倒しています。申命記版の安息日規定の理由を見れば、奴隷の解放と安息日規定が結びつけられています。奴隷の安息は自ら獲得されるものではなく、その主人が定めるものです。奴隷だけではなく自ら休めない者に対しても安息を保証するのが安息日規定の趣旨です。安息日の遵守を個人に押し付けるのではなく、イスラエル共同体が社会レベルとして考えなければなりません。せめて安息日において日常の労働から解放される、そのような経験をイスラエル共同体のすべての人々ができるようなシステム作りが求められます。

b　安息の意義

十戒における安息日の規定自体には、社会の具体的なあり方は述べられていません。しかし、同じ安息を扱う記事を手掛かりにその内容を考えることは可能でしょう。同じような基本概念に安息日も安息年も立つという前提を採用したいと思います。旧約テクストは、安息年規定（七年ごとの規定）やヨベルの年（五十年ごとの規定）の律法を古代イスラエルの経済プログラムの理想として描いていますので、この二つの律法規定を考えることにします。

安息年とヨベルの年について、レビ記二十五章に記されています。

①文学的・社会的コンテクスト

レビ記の「神聖法典（十八〜二十六章）」（イスラエルの宗教的・社会的規則を「聖」の観点から述べている法令集とされています）と呼ばれる律法集の最終盤に位置づけられています。

レビ記二十五章は土地と奴隷についての記述ですが、農業の開始が前提となっています。ただし、レビ記の舞台は荒野での放浪の段階です。

社会的コンテクストとして、旧約テクストにおける土地に関する考え方についてその特徴を挙げてみましょう。

i　土地は、イスラエル共同体の建設と継続にとって重要な要素です。その他の社会と同様に、経済的安定と安全保障のためには不可欠であると理解されています。すでに見てきたように、アブラハム契約が土地についてこだわっている理由としてこの二つの特徴を挙げることができます。

ii　同時に、土地の取得についての警戒の姿勢も示しています。カナン獲得によって農業を始めることは、富・権力とその独占を認めるカナン宗教（豊穣神）に傾倒する危険を秘めていたからです。神ヤハウェは奴隷の味方となり、その解放を行う神です。土地に定着し、土地からの財を獲得する中で、イスラエル共同体にとって神ヤハウェは邪魔な存在になりかねませんでした。土地を積極的に評価する態度と消極的に警戒する態度、この矛盾（アンビバレント）する姿勢は、早くも創世記に表現されています。創世記二章では「園」の記述を通して土地を前向きに捉えていますが、四章では農夫であるカインに対して積極的な評価をしているとは言えません。農夫カインが牧畜者アベルに嫉妬心を抱く原因となった神ヤハウェの両者に対する区別の理由として、その職業の違いを聖書テクストは記しています。この記述に、農業への消極的な評価が表れています。

iii　土地は最終的にはヤハウェの所有とされています。しかし、それは、イスラエルの諸部族・諸氏族の土地の私有が禁止されたことを意味してはいません。土地は先祖から継承され、何らかの理由で手放さなければならなかったとしても、いずれは元の所有者に土地が戻ることを理想としています。土地の所有者を神ヤハウェに設定しておくことで、誰か特定の人間が土地やそこから生み出される富を独占してしまうことのないようにすることができます。つまり、神ヤハウェの土地所有には、富や土地の独占を防止する目的があります。

②土地に関する規定　レビ記二十五章より

i　第七年の休耕　二〜七節

耕作すべき畑について、六年間は収穫することは認められますが、第七年は畑を休ませなければならないとされています。その理由は明示されていませんが、畑の生産力の維持が目的であろ

う と推察されます。
休耕することで、その後の食料確保が問題とされます。その対策として十八節以下には、神ヤハウェは六年めの収穫を増やして九年めまでの食料確保をする、と約束されています。これは、この間の食糧備蓄を促す規定であると判断されます。

ii　土地の売買について　十四〜十七節

土地は売買されてその所有権が譲渡されます。しかしヨベルの年において、土地は元の所有者に返却されます（十〜十三節）。その規定を受けて、土地の売買について定められています。いずれ返却される土地を売買するとなると、得をする者や損失を被る者が生まれてきます。そのような状況を避けるために、土地の売買についての規定が記されています。買い手はヨベルの年を基準に考え、売り手は畑からの産物の年数（残る収穫年数）から価格を考えるように各々規定され、これが基準価格になっています。土地売買の価格を不正に操作することは、人々に対して公平に生活物資（食料など）が行き渡らないことを意味するので、それを防ぐために基準価格を設けていると考えることができます。

iii　土地の買い戻しの権利　二十三節以下

土地を一時的に売ることは認められていますが、それは買い戻しの権利が前提となっています。生活の困窮によって土地を売った場合、その近親者あるいは本人は土地を買い戻さなければなりません。買い戻しができなかった場合は、ヨベルの年には土地の返却を受けることができるようになります。

土地の買い戻しは、元の所有者にとって義務として描かれていますが、実質には権利として認めることができます。土地を買い入れた者には条件が課されているので、転売できません。その土地からの収穫のみで収入を得ることになり、転売益は見込むことはできなくなります。したがって、買い戻しの権利が付いた土地の売買は、実質的には土地を担保とした貸し付けとなります。もし何も条件が課せられていなければ、土地や生産手段は富者に集中し、貧困者はより苦しい立場に追いやられることになります。それを防ぐために買い戻しの権利を付与していると考えられます。

iv　買い戻しの適用範囲　三十二節以下

都市部の宅地については、買い戻しの権利は一年に制限されています。一年以上経過すれば、買い手の永代の所有となります。しかし、農村の畑や宅地については、上記の買い戻しの権利が保証されます。その理由として二つの可能性を考えられます。i ヤハウェは都市の神ではなく、それを守る神ではないという解釈。ii 保護されるべきは生産手段であり（ここでは宅地は生産手段には含まれていないと考えらます）、その生産手段を回復することで、経済的な没落者が再び自らの労働で生活できる機会を与えるためであるという解釈。

③経済的支援に関する規定　三十五節以下

困窮する貧困者への経済的な支援を躊躇しないように命じられています。それは寄贈ではなく貸し付けのようですが、貸し手がそこから利益を得ること（利子を取ること）は禁じられています。また、負債が返済できずに奴隷となったイスラエル共同体の人々に対しては特に配慮することが求められています。まず、イスラエル人の奴隷に関しては人道的な扱いをするように聖書テクストは指示します。それは、神ヤハウェがイスラエルを奴隷から解放した伝承が根拠とされています。また、土地の返却と同様、ヨベルの年にはイスラエルの奴隷は解放されます。しかし、外国人の奴隷はこのような保護から対象外です。逆に、イスラエル域内にいる外国人の奴隷とされているイスラエル人奴隷に対しては、保護対象であることが明示されています。第二に、イスラエル人の奴隷には買い戻しの権利が留保されていることが規定されています。その買い戻しの価格についてヨベルの年を基準にした細かい規定が定められています。ヨベルの年になれば、その奴隷は条件なしでその身分から解放されるからであり、そこに配慮が求められるからです。

レビ記二十五章の土地の売買も奴隷についての扱いも、商売という観点からではなく、経済的な困窮者への支援という視点で諸規定が定められていることに注意しておく必要があります。安息年やヨベルの年は、そのように福祉的な政策の実現として理解されており、それは安息を考える上で重要な概念となっています。

次に申命記十五章を見てみましょう。この聖書テクストでは七年ごとの負債の免除や奴隷の解放について述べられています。

④負債の免除に関する規定について

七年ごとに負債の免除が命じられています。これは個々の負債ではなく、イスラエル全体の中で七年ごとにやって来る年のようです（九節）。負債免除の条件は、ｉ第七の年　ⅱイスラエル共同体のメンバーであること、です。この規定には約束がともなっています。①イスラエルから貧困者がいなくなる（四節）　②負債を負う者がいなくなる（六節）　③他国を凌駕する経済が与えられる（六節）　これら約束は、この規定のビジョンを表明していると言えるでしょう。

次に、貸し手の姿勢が定められています。通常、負債免除の年が近くなってくれば、誰も他者に貸し出しをしないでしょう。損をしてしまうことは目に見えているからです。しかし、生活困窮者には金銭を貸与するように命じられています。貸し手の状況とは関係なく、生活支援は神の意志とされているからです（十一節）。

⑤奴隷に関する規定

この規定において奴隷解放の手続きについて述べられています。奴隷の解放は、負債免除の規定とは違って、個々の奴隷の七年めの年として理解しておきます（十二節）。この申命記のテクストでは、とくに「ヘブライ人」の奴隷について扱っているとされています。この「ヘブライ」の解釈は非常に難しいのですが、イスラエルにも存在したであろう、共同体の保護を脱した特定の社会層の人々として解釈することができます。つまり、レビ記二十五章で考えられているイスラエル人一般の奴隷ではなく、社会的に困難な立場にいる人々に限定した奴隷解放の規定と解釈できます。そのように理解することで、奴隷の解放をヨベルの年に限定する聖書テクスト（レビ記二十五章）と、奴隷の解放を七年ごとと定める聖書テクスト（申命記十五章）との違いを、この「ヘブライ人」の理解から説明できます（もちろん、確定した結論とは言えませんが）。

安息規定を検討する中で、イスラエルの理想とする経済と現実とが見えてきます。イスラエル共同体内おいては誰も「飢えさせない」、そのような考えが根底に存在すると考えて良いでしょう。これは、古代社会においては当然であったとも言えます。近代資本主義がもたらした「個」という概念は社会的に認知されておらず、まだ「個」という単位で自らを支えることができない経済状況であるとするならば、共同体を支えるために人々を飢えさせてはならないのです。これは倫理の問題以上に、共同体とそこに属する人々の生き残りという課題です。したがって、土地の売買や奴隷の解放などによる所得の配分はチャリティーや慈善事業ではありません。チャリティーであれば経済政策を実施しなくても誰も責任を負わなくても良いことになりますが、聖書テクストは責任がともなう律法としてイスラエルに経済の理想の現実化を迫っているのです。

その一方で、現実にはその理想と大きなギャップがあったことを聖書テクストから読むことができます。預言書には経済格差やそれを助長する富者たちの行為（経済的な行為）が糾弾されています。表面的に律法が求める政策を実施したとしても、実質的に骨抜きすることが行われた可能性もあります。あるいは、経済格差の伸長の中で、律法という形でそれを是正する政策が提示され、後に旧約テクストとして現在の形にまとめられた可能性もあります。いずれにせよ、第七年の安息、ヨベルの年の政策の理想は、古代イスラエルには実現されなかったと考えられています。

この二つの聖書箇所（レビ記二十五章、申命記十五章）には、通常の経済活動で発生するイスラエル共同体内での経済的不均衡を法的手段で是正しようとするところに目的があります。つまり、富あるいは所得の再配分でその目的を達成しようとしているのです。土地の買い戻しの権利の行使や無条件の土地の返却は、まさに再配分の行為です。奴隷の解放も、奴隷が債務奴隷である場合はその債務が免除されることを意味し、間接的な富の再分配となります。富の再分配は、富の独占の禁止をも意味しています。イスラエル共同体内の人々が自らの労働に応じて自活し、互いの必要の融通（贈与や互酬）によって消費することを理想としています。人々はこのような経済的な「保証」によって生きていくことができるのです。誰かの犠牲の上に成り立つ、特定の人々の利益独占は理想ではありません。そのような自由は制限されています。生産過程に関しては規定としては何も述べられずに、神の恵みに委ねられています（レビ記二十五章）。古代の経済システムとしては、生産によって貧しい者に生活を保証することは困難であって、富の再配分以外には不可能であったと考えられます。

一般的に考えれば、律法の宗教的な意義を無視することはできません。神ヤハウェの名によって律法は発布・施行されているからです。しかし、宗教的な意義はそれ自体で目的化される、そのような危険が絶えずあります。例えば、「神を知る」という表現が、宗教的な意味で「神を知る」「神を信じる」に留まり、「神を知る」ことの社会的な広がりを看過しがちです。律法は胎動しつつあるイスラエル共同体に法的根拠を与え、その共同体作りに貢献します。シナイ契約における律法は共同体に関する規範であり、それはつねに現実の社会にフィードバックされるのです。言い換えれば、「神を知る」ことは神の提示する価値観に服従することであり、しかもその価値観には社会的な側面をも含むのです。その社会的観点を軽視することは、神ヤハウェにとっては真に宗教的であることを意味しません。安息概念はその社会的意義として、イスラエル共同体内の経済政策であり、富・所得の分配を理想とするヤハウェの価値観の提示であると理解することができます。安息日規定は、神ヤハウェとイスラエル共同体との宗教的な関係を示しているだけでなく、律法の社会的側面を表現しているのであり、そのような律法の性格を最も表している規定の重要な代表例の一つとなっています。

第五戒から第十戒まで

イスラエル共同体の形成は個々人と神ヤハウェとの関係性だけではありません。むしろ、具体的な共同体のあり方はその社会関係として表現されています。神ヤハウェに関する規範は、その社会の基盤・根拠をもたらす機能を有しています。神ヤハウェの民であるために、神であるヤハウェを神学的・宗教的に捉えなければなりませんが、同時に民として形成された人々はその捉え方を共有しなければなりません。もし共有できなければ、共同体内の神ヤハウェへの理解はバラバラになり、共同体としての自己理解も崩壊してしまうことになります。イスラエルが共同体として神ヤハウェに属するために、つまり契約を維持するために、その律法の宗教的な意義の一つが存在しています。

第五戒からの人間関係も神ヤハウェとのシナイ契約というコンテクストから理解しなければなりません。とは言え、第五戒からの内容は、人間にとってより普遍的なものであるように見えます。つまり、シナイ契約という特定のコンテクストなしでも理解が可能であるように思われます。実際、ある面ではそれは正しい見方でしょう。どのような社会的規定も、ある場合はその社会的な枠組みを越えて普遍的な倫理性を持っています。どの社会にもそれを成立させるために、人間に共有される特徴が存在します。それはイスラエル共同体においても例外ではありません。しかし、普遍的な倫理を示していると判断される規定であっても、その規定そのものがその社会的な枠を越えて有効とみなされることはありません。ある法が普遍的な内容を持っていたとしても、その法としての有効範囲は別の議論です。旧約テクストとしての十戒後半部についても、その規定が直接に適用されるべきは古代イスラエル共同体です。この原則は、まず空間的にあてはまります。イスラエル共同体以外の共同体（民族、国家など）において、十戒の規定（その後半と言えども）が適用されることはありません。当該共同体の独自の規定が適用されるだけです。逆にそのような共同体が普遍的な内容を含む法を持っていたとしても、その法は古代イスラエルには適用されません。次に、時間的な枠組みについても同じようなことが言えます。現代の旧約テクスト読者を含めた、原著者—原読者のサークルに属さない者は、解釈によって神ヤハウェがもたらした十戒の価値観を見出すことが求められます。その価値観をどのように同時代（聖書読者の生きた時代）と結びつけるかは、聖書テクストから解釈された価値観と各時代が特有に持っている価値観とを対話させ、そこから聖書テクストの価値観の同時代への生かし方を求める必要があります。十戒が直接的に同時代に適用されるべきであるとする立場も、十戒は同時代に対して何ら効力を持ちえないとする立場も、いずれも旧約テクストの解釈作業（旧約テクストとしての十戒からヤハウェの価値観を見出す）を通過して、さまざまな神学的な考慮を含めた上で原著者―原読者サークルの部外者として十戒を理解するのです。

6　第五戒　二十章十二節

あなたの父と母を敬いなさい。そうすれば、あなたの神ヤハウェが与えた地において、あなたは長らく生きることができる。

「父と母を敬うこと」とは、年齢が長じた老人への保護規定と理解されます。ことばだけで読んでしまうと、単なる道徳律として捉えがちになります。また、それ自体は否定されるべき考え方ではありません。父母だけでなく、家族を大切にすることは現代においても尊重されている倫理観です。特に資本主義下において、個人は共同体から引きはがされて、各自の関係はバラバラにされています。だからこそ、かえって家庭を共同体の重要かつ最低限の単位として捉え直して、家庭を大切にするという考え方が育っていると言えます。しかし、古代における家庭の考え方は、より現実的であったと考えられます。人々の生き残りために家庭などの共同体が必要だったからです。古代において、都市部に生きる一部の人々や非合法に生きる人々を除けば、人間が個人で生きていくという発想はなかったでしょうし、実際にそのように生きていくことは不可能であったでしょう。家庭をはじめとする共同体は人々の生存のために不可欠でした。第一に、それは空間的な意味があります。共同体に属する人々は空間・場所を共有して生活をします。そうすることで、互いの関係性を物理的な結びつきとして維持していくことができます。その空間を離れてしまうと、互いに連絡を保つ手段は非常に限られてしまいますし、その連絡のためのコストは関係性を維持するには高すぎるものでした。次に、時間的な意味合いもあります。旧約テクストには、先祖に関する記述が数多く見られます。誰かが死んだときに、その人物が先祖に加えられた、などの表現が見られます。また、呪いは三代四代にわたる、祝福は幾千代にわたる、そのような表現も散見されます。共同体は今ともに住んでいる人々だけでなく、すでに死んだ者、これから生まれてくる者たちをも含んだ概念なのです。人々が共同体なしでは生きていくことができないとするならば、その共同体は時間を超えて維持されなければなりません。時間を通じた共同体の継続のためには、何らかの工夫が必要となります。そのような意味で、系図や伝統が重要視されます。

家庭・共同体内にはすでに働くことのできなくなった年長者が存在したことでしょう。年長者には労働に従事している人々からの保護や援助が必要とされました。現代のような年長者を専門にケアをする公的・私的な施設や年金システムなどありません。それぞれの家庭や共同体で年長者の生活を支える必要がありました。第五戒は一般的な道徳律ではなく、共同体からの保護を保証するための規定となっていると考えるべきです。このような保護規定には、もちろん年老いた人々が生きていけるようにするという単純な目的があったと見ることができます。どのような形であったとしても、誰かを遺棄するということは受け入れられることはありません。遺棄すれば、結果としてその人の命を奪ってしまいます。そのような意味では、年長者の保護は普遍的な意義を有していると言えるしょう。同時に、すでに述べたように、共同体の時間的な維持に関わる規定でもあります。労働力を提供できない年長者はいずれ去りゆくことが解っている人々です。しかし、このような人々への保護を保証することで共同体として一致を維持しようとしていることは確かです。その保証の表現が、約束の記述となっています。この第五戒は、第二戒に引き続いて、約束をともなっています。「父母を敬いなさい」ということの規定を遵守すれば、長生きできるようになると述べられています。旧約において、物理的な事柄（肉体としての命、財産など）の増加や延長は神の祝福として理解されています。この神の祝福の約束をどのようにして父母を敬うことと関連づけて解釈することができるのでしょうか。条件を守ったことに対する報酬としての祝福と考えるならば、取引でしかありません。それをもはや祝福と呼ぶことはできないでしょう。この規定の前提にあるのは世代交代です。時間が経過して世代が替われば、年長者を保護すべき若い人（保護の主体者）自身が年長者になり、保護されるべき人（保護の対象者）

に変わります。つまり、この規定がその共同体で遵守されれば、順番に各世代が次世代からの保護を受けることができるようになり、それぞれが年長になっても生きていくことができるようになります。つまり、「長生き」できることになるのです。このように約束を理解すれば、条件に対する報酬という考え方を採用する必要はありません。むしろ、第五戒の趣旨をこの約束は語っていることになり、規定を守ることを促進していることになります。約束は約束として理解しなければなりませんが、その内容が規定とどのような関係にあるのか、それを理解しておかねばならないでしょう。いずれにせよ、第五戒が共同体の健全な維持を目的にしていることには変わりないと判断されます。それは、律法全体にわたって覆っている価値観の一つです。古代における共同体の重要性を現代の聖書テクスト解釈者は認識しておくべきです。

7　第六戒　二十章十三節

あなたは殺してはならない。

この規定の保護対象は生命ですが、人間に限定されています。生きとし生けるものではありません。この第六戒が守ろうとしているのは、人間の生命そのものです。例えば、カナン宗教の礼拝において人間を犠牲にささげる儀式が行われていた一方で、旧約聖書を読む限り、イスラエル共同体ではそのような儀式が拒絶されています。創世記二十二章のイサクの献児と呼ばれる記述に、そのような犠牲を否定しようとする意図を見ることができます。しかし、この規定も絶対的な倫理とは理解されてはいません。生命を奪うことが、すべての状況で禁じられているわけではないのです。なぜならば、イスラエル共同体は戦争制度と死刑制度を認めているからです。いずれも、政治的・社会的な課題の解決のために、人間の命を奪う手段が採用されています。もし第六戒が絶対的な倫理であれば、旧約テクスト間に緊張が観察されるはずですが、そのような緊張関係をどこにも観察することはできません。むしろ、互いに注釈もつけずに、各規定（殺人の禁止、戦争の容認、死刑制度）は独立して存在しています。現代の戦争や死刑制度について議論するときに、キリスト者としてそれらを禁止する立場からすれば、この第六戒は重要な記述と思われがちですが、そうとは限らないことになります。戦争や死刑制度の禁止を聖書テクストから論証したいのであれば、他のテクストを求めなければならないでしょう。

第六戒は、イスラエル共同体内における私的な殺人の禁止として理解されます。神ヤハウェの名による権威づけのなされない殺人行為の禁止と言い換えても良いでしょう。私的な殺人を容認すれば、どのような社会も物理的な暴力が追認され、その社会の安定性を欠くことになります。これではその共同体に属する人々の互いの信頼性は失われ、共同体は崩壊してしまいます。したがって、この規定の保護利益は個々人の生命であると同時に、社会的な秩序も意図されているのです。

旧約テクストが述べる戦争について考えてみたいと思います。ヨシュア記と士師記はイスラエルの人々のカナン定着について平和移住を記す一方で、軍事征服を強調しています。いわゆる聖戦思想（神の名によって敵を殲滅することを認める考え方）を是認していると考えられ、神学的には戦争を支持していることになります。聖戦ということば自体は、旧約には登場しません。新改訳聖書で「聖絶」とされているヘブル語原語に「聖」の意は含まれておらず、虐殺や殲滅が原意です。イスラエルにおける聖戦の概念として、神ヤハウェの名によって敵を殲滅することが命じられているのです。カナン侵入段階になって、エジプト脱出と比較して、戦闘におけるイスラエル共同体の役割は積極的になっています。確かに、イスラエル共同体の神ヤハウェに対する姿勢が戦闘の勝敗を決します。神ヤハウェ自身が敵と戦うことに変わりません。しかし、神ヤハウェはイスラエル共同体に戦闘に関わる何らかの行動を求め、敵の殲滅を命じています。

①基本的な考え方

古代イスラエルの軍事的な目的・能力と戦士ヤハウェとの性格は、概して反比例的です。出エジプト記からヨシュア記、士師記において描かれている古代イスラエルの軍事力は脆弱です。常備軍は整っておらず、ヤハウェの指名によって立てられた指導者によって一般の民衆が軍事行動を務めます。その戦争も他国への侵略ではなく、他国からの防衛戦としての性格が強調されています。その勝敗は軍事力にあるのではなく、イスラエルの民のヤハウェへの忠誠の有無（神ヤハウェのことばを遵守するかどうか）に懸かっている、そのような理解を聖書テクストは示しています。聖戦思想は単なる人間の戦いではなく、神ヤハウェへの信頼が課題となります。

イスラエルが王朝制度を採用する段階になって、神ヤハウェとイスラエルの軍事力の関係は変化します。常備軍が整備される中で、王朝としての軍事力は伸長したと考えられます。神ヤハウェへの忠節が軍事的に影響するといった言及は少なくなります。戦いの勝敗は神ヤハウェへの信頼ではなく、軍事的・政治的・経済的実力によるのです。戦争の性格も防衛戦から政権争いの内戦や他国への侵略に変化しています。

②申命記二十章一～二十節における戦争に関する記述

その内容は、徴兵免除の細則、攻城戦のルール、殲滅すべき民族のリストとその理由です。戦争は無秩序な殺戮ではなく、他国からの自己防衛と他国への懲罰と理解されています。そのために戦争においても秩序維持のための規則が必要となります。二つの観点から、古代イスラエル共同体は戦争を積極的に肯定しています。第一に、この戦争に関わる規則そのものが戦争遂行を前提にしていることです。この前提は、自衛のための戦争という域を超えています。イスラエル共同体を堕落させる（神ヤハウェの価値観を破壊させる）民族をリストに挙げ、彼らの影響を除くためにその殲滅を認めています。第二に、イスラエルの神ヤハウェが戦士として描かれている点です。三〜四節によれば、神ヤハウェが戦争を容認しているばかりでなく、戦いの指導者であり主体者です。このような考え方は、イスラエルの戦争遂行に思想的・神学的な裏づけを与える機能を果たしています。結局は、神ヤハウェとイスラエルを脅かす悪なる勢力を排除する「聖戦」あるいは「正しい戦争」に立った考え方が申命記二十章には表現されています。

③聖戦の目的への評価

敵との戦いや殲滅行動は、異民族の影響を防止することにその理由が求められています。しかし、自らの価値観を絶対的な理由とし、敵方を絶対的に劣位において戦うこと自体が、聖戦思想の特徴と言えるでしょう。価値観そのものは優劣の関係ではなく、相対的な関係にすぎません。カナン宗教をはじめとするイスラエルの周辺の異教は倫理的に劣っており、それを放置することでイスラエル共同体が堕落する危険があったことを指摘する意見もありますが、カナン宗教からの影響の排除のために聖戦思想を正当化することは、現代的視点からすれば必然性に欠けます。周辺のカナン諸国からすれば、イスラエル共同体の聖戦思想は一方的な侵略思想でしかありません。戦争と平和の課題は、当事者の観点をできるだけ公平に見る必要があります。

④平和のビジョン

聖戦肯定の記述とは対照的に、旧約テクストには平和のビジョンも記されています。とくに預言書に見られる内容です。例えば、ミカ書四章三節に、人々は武器を農具に変えて「もはや戦うことを学ばない」と述べられていますが、その対象者はイスラエル共同体だけでなく、さまざまな民族を含んでいます。戦争を遂行することは、イスラエル共同体にとって安全を確保するための最終的な手段とはならないことが意識されています。むしろ、他者を殺すことよりも、互いに平和の関係を結ぶ方が、イスラエル共同体自身が生き残っていく可能性を高めることに気づいたのでしょう。もちろん、このような預言者たちによる平和のビジョンが第六戒に直結していると は考えられません。私的な殺人の禁止と預言者の示す平和のビジョンは、やはり互いに次元が違う記述になっているとしか言いようがないのです。しかし、結果としてイスラエル共同体に属する人々の生活を守ることには通じることがあるように評価できます。

8　第七戒　二十章十四節

あなたは姦淫してはならない。

まずは、姦淫を定義せねばならないでしょう。姦淫は、単純に結婚外の性的関係を意味しているわけではありません。姦淫とは、結婚あるいは婚約している女性とその夫以外の男性とが性的な関係を結ぶことです。独身の男性あるいは既婚の男性が自分の配偶者（あるいは婚約者）以外の女性と性的関係を結んでも、その女性が結婚・婚約をしていなければ姦淫にはなりません。売春婦との関係も認められています。独身の女性と関係を結んだ場合は、男性が賠償の義務を負うこともあったようですが、しかし姦淫という罪としては糾弾されてはいないのです。逆に、女性の立場から考えてみましょう。結婚をしていない女性が男性と性的な関係を結んでも姦淫にはなりません。しかし、結婚あるいは婚約をしている女性が、男性（既婚者であろうが独身者であろうが）と性的関係を結べば姦淫に当たります。ここで気づくことは、姦淫として告発されるときの男女の扱いの差です。この差を考えていくと、第七戒は性的な道徳を守ることにその保護利益を見ているわけではないことが解ります。もし一般的な性的な道徳を守ることに姦淫の禁止の意図があるならば、結婚関係以外の性的関係をすべて禁止にしなければなりません。独身女性や売春婦との関係が認められるわけにはいかなくなるはずです。

姦淫の禁止の直接的な保護利益は、夫である男性に属しています。その妻が他の男性と性的関係を結ぶことは、その夫の妻に対する「所有権」を侵害することになるからです。したがって、この規定の目的に女性の保護は含まれていません。もし女性を守ろうとするのであれば、未婚の女性と既婚の女性が同等に扱われるべきです。姦淫を「所有権」から見ているのは、古代イスラエル共同体の（現代の言語を使えば、性的差別の上に立った）父権的な結婚制度に由来する考え方であり、夫の利益を守るという形で結婚制度を維持しようとしたものです。結婚制度も各社会における秩序維持には欠くことができない要素です。聖書はこの父権制度の由来について何も述べてはいません。むしろ、古代イスラエル社会の前提として描いており、この制度に対してとくに疑問を挟んではないようです。したがって、旧約テクストに沿って姦淫の禁止に関する矛盾を議論することは難しくなります。もし議論すべきであるならば、近代における平等概念との対話の中で、父権制度や性差の問題を扱わなければなりません。

基本的に、聖書テクストは性差の問題を男性優位の観点から扱っています。その一方で、現代の聖書読者の中には、それに抵抗している記述を見出そうとするスタンスが存在します。性差の課題に関して難しい解釈の作業が読者には求められます。例えば、創世記二章における男性と女性との関係を挙げることができます。神ヤハウェによって最初の人間が土の塵から創造されます。ここでこの人間の性別について聖書テクストは何も語っていません。この最初の人間は「園」に置かれて、住むことを許され、「園」を管理します。そこで必要であったのは、この最初の人間のパートナーです。そのために動物が造られましたが、パートナーは見つかりませんでした。そこで、最初の人間を眠らせ、そのあばら骨からパートナーである人間が創造されます。そして、最初の人間はこの造られた人間を女性（イシャ）と呼びます。それは、この女性は男性（イシュ）から取られたからだと語ります。この後に三章に入って、この最初の男女は「神のようになりたい」（五節）と考え、それを実行してしまします。その結果の一つとして、男性が女性を支配するようになったとされています（十六節）。この物語の流れから、最初の男性と女性が創造された時点では互いにパートナーであり、そこに優劣はなかったことになります。堕罪とともに男女の差別が生まれたにすぎず、神の創造として男女は平等である、そのような解釈が成り立ちます。しかし、以上のような解釈にもかかわらず、男性が女性を名づけている記述は図らずも、旧約聖書テクストが性差を無意識に容認していることを表現しています。名付ける存在は名付けられる存在を（少なくともその名づけの瞬間に）支配しているからです。女性ということば（イシャ）が男性ということば（イシュ）から派生していると聖書テクストが認めていることにも注意しておきたいと思います。

あるいは、聖書における女性の役割の記述を見ることで、性差による差別を聖書テクストは認めていないという意見もあります。旧約においては士師記でのデボラの活躍が挙げられます。デボラは指導者として戦いを導きます。また、新約テクストには、イエスの女性の弟子たちの存在とその活動や行動が積極的な意味で描かれていますし、初代教会における女性の役割についても述べられています。しかし、このような女性たちの活躍は、新しい社会秩序の形成期において例外的に見られるだけであり、社会秩序が整う中で女性たちの役割は後退していきます。秩序の形成期にはそれまでの価値観が混乱しているだけでなく、現実にも新しい状況へ対応できる人材が不足します。男性だけでは十分ではない場合、その間隙をぬって女性が働く場所が与えられるのです。しかし、新しい秩序が定着する中で制度や組織が整い、価値観も安定してきます。そこでは、少数派である人々はその社会秩序の核から排除されていきます。古代イスラエルから女性の活躍の場が失われていったのは、王朝によって社会が安定する状況において、少数派として退けられていったと考えることができます。女性の活躍の記述が聖書テクストは男女差別をしていない証左である、とは言えないのです。

性差の課題を聖書テクストから乗り越えようとするのは、イエスの山上の説教を待たなければならないと考えます（後述）。あるいは、神の前の平等という概念から間接的にこの課題を扱うことができるでしょう。または、近代的な平等概念と聖書の性差に関する考え方とを対話させながら、聖書の記述を考えざるをえないかもしれません。いずれにせよ、十戒をはじめとする旧約テクストが性差を前提としているという理解は必要ですし、それが現代にとってどのような意味があるのか、性差の問題をどのように克服できるのか、それは別に考えなければなりません。性差の考え方は、聖書だけの課題ではなく、現代的な視点も考慮しなければならないのです。

9　第八戒　二十章十五節

あなたは盗んではならない。

この規定は第十戒と重複する内容に見えます。他者の所有物を欲しいと思わなければ、誰もそれを盗もうとは考えないからです。したがって、この規定は人間を盗む（略取誘拐）を意味していると考えられています（出エジプト記二十一章六節）。売買するために人間を「盗む」ことはその歴史上、つねに行われてきたことです（犯罪行為として、今日でも人身売買が存在するという意味では、現代も例外ではありません）。その場合の目的の多くは、人間を奴隷にするためです。奴隷とは、その仕事の内容とは関係なく、人間自身が商品とされている状態を指します（近代資本主義の労働者自身が商品になることはなく、その労働力が商品とされています）。何らかの手段で商品である人間を手に入れた者が、お金などと交換することでその人間を買い手に譲渡します（売買の成立）。古代社会において奴隷は、その経済運営として不可欠であったと思われます。少なくとも、当時の人々はそのように判断していました。労働力のコストを極端に低く抑えることで、不安定な古代の経済的システムを社会の底辺から支えようとしたと考えられます。奴隷制度について、現代的な人権の観点から捉えられていません。あくまでも社会のシステムや経済システムとして扱われていると考えるべきです。それはイスラエル共同体においても例外ではありませんでした。奴隷制度を奨励する聖書テクストはほとんどないとは思いますが、それを積極的に否定する記述も見あたりません。エジプトでの奴隷の解放という神ヤハウェの救済の出来事は、奴隷制度の廃止を目的にはしていません。神ヤハウェはイスラエルの民を解放しますが、その社会は奴隷の存在を容認していきます。

古代イスラエル共同体において奴隷制度自体は認められつつも、この奴隷制度が人間を「盗む」ことを容認しているわけではありません。人間が奴隷になるには一定の手続きを経なければならなかったようです。古代の社会の枠組みでは、奴隷にされてしまうのは戦争に負けて捕らわれる場合、あるいは借財を返済しきれずに身を売る場合であったようです。人間の略取誘拐はいずれの場合にも含まれず、古代においても非合法であったと考えられます。創世記後半の主役であるヨセフは兄弟たちに売られて奴隷とされてしまいますが、この状況は「盗んではならない」という規定を破ったことになります。人間の略取誘拐は奴隷に関する手続きを無視している点で否定されるべきことでした。それは、奴隷制度に対して一定の人道的な条件を加えて維持することで、奴隷制度の社会的な機能を有効なものとし、永続されることを可能にしたのです。確かに、イスラエル共同体が同胞に対する奴隷の扱いに制限を設けている点では、ある種の道義的な意義を見出すことはできます。しかし、それもイスラエル共同体内の秩序維持のためであり、奴隷の命や尊厳を守ることに第一の意義を見出せるわけではありません。やはり、イスラエル共同体内において円滑な経済運営が行われ、それが社会の安寧につながることを目指していると言えるでしょう。

この奴隷に関する記述は、聖書の各律法の現代における解釈を考える上で一つの例証となります。それは、聖書テクストは奴隷制度を否定しないのに、現代の教会は奴隷制度を否定していることです。もちろん、教会は奴隷制度を認めるべきであると主張したいのではありません。ここでの課題は、教会は聖書の命令や規定を普遍的に遵守すべきであると言いながら、それを遵守する方向で考える場合と、それを否定する方向で考える場合があるという事実です。同じ聖書テクストに由来しつつ、この二つの反対の方向が生まれてくるその理由は何でしょうか。あるいは、両者を分ける基準は何でしょうか。

これは、それほどには単純な課題ではありません。例えば、死刑制度が認められている社会では、多くのキリスト教会がそれを容認しています。しかし、律法の刑罰として定められている「石で殺さなければならない」を実行しようとはしないでしょう。現代の社会的な価値観が教会の律法解釈に影響して、その視点から律法の有効性について判断しているからです。その基準は、その社会の価値観に照らして守ることのできそうな律法を遵守する、ということになります。聖書が容認している奴隷制度は、どのように考えても現代社会で受け入れられるわけがありません。それを教会が追認することは不可能です。教会が誰かを石で殺すことも同様です。ここで二つの問題を挙げることができます。一つは、現代における律法の有効性を考えるときに、教会は現実そのものから影響されている傾向があるにもかかわらず、その議論をしたがらないか、二義的な議論に位置づけたままにしてしまうことです。第二の問題は、この社会の意見が分かれているときに、律法の適用基準について曖昧にしてしまうことです。この第一の問題と第二問題はときに結びついています。

例えば、ＬＧＢＴの課題は教会にとって議論の的になっています。ＬＧＢＴの人々を排除する主張を展開しても、教会としてその存続が危ぶまれるような社会的な非難を浴びることはないでしょう（守れそうな律法を守る）。同時に、その排除の根拠が聖書の文言から主張されます（「聖書に書いてある」）。しかし、聖書が語る律法をすべて遵守できるわけではないことはすでに指摘した通りで、ＬＧＢＴの排除を聖書だけから議論したつもりになっていても、社会的な状況が許されればその律法を守ることができるという現実に依存しています。極端に考えれば、「聖書のみ」で議論すれば、奴隷制度を認めるような意見が出てきてもおかしくはありません。しかし、奴隷制度について主張したとするならば、社会的な制裁を確実に受けることになります。したがって、奴隷制度を認めることはありえなくなります。聖書の文言の解釈のみでは、どの律法を現代で遵守するのか、あるいは遵守しないのか、それを決定することは現実的には不可能なことです。

すでに提案したように、律法解釈の目標は、背後にあってその律法を支えている価値観を知ることです。そしてその価値観と現代の社会的価値観とを対話させることから始めるべきである、そのように本書では考えています。律法は直接的には古代イスラエル共同体の人々に適用できるように書かれています。そこには固有の社会的な状況が存在していました。それは、律法の原読者以外の読者たちには当てはまらない状況です。時代の制限を受けている律法がそのような読者にとって直接的に意味がないことは、読者たち自身がどこかで解っていることです。現代の読者も現実にはそのような理解に立っているのですから、その現実を認めることから始めなければならないと考えます。そこで上記のように、聖書テクストの背景となる価値観と読者が属している社会の価値観とを突き合わせていくことが求められます。その対話から現代における律法の意味を浮き立たせることが可能になります。

10　第九戒　二十章十六節

あなたは隣人について偽証してはならない。

この戒めは倫理的な嘘を禁じる規定ではありません。嘘を事実と違うことを述べる行為あるいは事実を隠匿して語る行為と定義すると、このような行為は日常生活において通常に行われることです。それはある種、人間同士のコミュニケーションを円滑にするために求められています。つねに事実と合致することを正直に述べたとしても、それによってコミュニケーションが破壊されてしまうことがあります。それでは社会生活自体が危うくなってしまうでしょう。確かに、倫理的な見地からすれば、嘘は良くないことです。嘘が人間を傷つけたり、現実的な損害を与えたりしてしまうことがあります。しかし、事実を語ることで同様なことが起きるかもしれません。コミュニケーションはその場での適切な手段や方法が求められます。しかも、その判断がつねにそのコミュニケーションにとって最善な結果になるかどうか、その保証はありません。嘘をついてしまうことは、コミュニケーションとして多大なリスクになりますが、いつも事実をそのまま語ることもコミュニケーションにとって同じようなリスクをともないます。このような範疇について規制するのにモラルは有効ですが、律法のような公的な規範が活躍できる場はありません。この規定は日常生活の嘘を禁じるモラルと考えるべきではないでしょう。

この第九戒の規定は、法廷の証言に関する偽証の禁止規定と考えられています。古代イスラエル共同体において、現代のような三権分立の考え方はありませんでした。神ヤハウェによって律法が与えられているという意味では、律法は独立しているとも言えますが、現実には共同体の指導者が多くの規範の設立に直接的に関わったでしょう。行政に関して言えば、その指導者の監督の下で遂行されていきました。また司法については、その行政を司っている人々に委ねられたと考えられます（申命記二十五章七節、列王記上〈第一〉三章）。そのような意味で、裁判だけを独立して取り上げて、その偽証の禁止を考えるのは適切ではないかもしれません。しかし、何かを証言することは、共同体が承認した公の場においてなされるのであり、この戒めが意図していることは裁判あるいはそれに準じる場所についてであると考えることは間違っていないと思われます。

偽証が禁じられているのは、裁判に関わる人々を守ることだけが目的ではありません。もし偽証がまかり通るような裁判が行われたとするならば、その裁判への信頼は損なわれます。そうれば、何か争いごとが起きっても、誰も裁判に訴えることはなくなってしまいます。争いの当事者同士で問題を解決しようとするでしょう。それが平和的な解決方法であれば、社会はその方策を受け入れて、問題解決の結果も認めることになります。しかし、問題の解決が暴力的であるならば、その共同体の統治は疑われてしまいます。暴力はエスカレートする傾向がありますし、結果として社会的な安定は失われてしまいます。人々は安寧に生活することはできなくなります。偽証を禁じることで、第一には、その社会的な係争に関わる人たちに不当な利益や損害を与えないようにすることができます。そのような意味では、第九戒の規定は当事者を守ることにその目的があります。しかし、間接的には、この規定は社会全体の平和・秩序の維持に関わっているのです。

ここで議論しておきたいのは、この規定に記された「隣人」についてです。隣人への言及は、この規定の条件となっているように映ります。ここでの「隣人」とはいったい誰なのでしょうか。同じ質問が、ルカ福音書十章二十九節に記されています。律法の専門家がイエスに問うことばです。イエスはいわゆる「よきサマリヤ人」の譬えを語り、「行って、あなたも同じことをしなさい（隣人が誰かと問うのではなく、あなたが隣人となりなさい、と解釈できます）」と返答します。イエスは招きのことばとして、隣人ということばに言及しています。もちろん、このような隣人の理解をこの第九戒に求めるわけにはいきません。この規定は、あくまでも社会的な規範だからです。ヘブライ語の単語としては、元来は空間的な隣人を表現することばとして理解されます。つまり、家族や近くに住む人々を意味していることになります。しかし、ここではやはり同じイスラエル共同体に住む人々として解釈すべきでしょう。聖書テクスト自体も、隣人ということばを使用する際は、このような広い定義に基づいている方が圧倒的に多いようです。裁判に持ち込まれるような社会的な争いは、家族や近所の人々だけが関わるわけではありません。むしろ、同じ共同体に住んでいるけれども、普段は互いに知らない人々との争いや裁判を考えるべきです。そうでなければ、裁判の意味合いそのものが失われてしまいます。

もう一つの課題は、「隣人」にイスラエル共同体に存在していた寄留者を含めるかどうかです。聖書テクストは寄留者の保護規定を定めており、このような人々の存在を前提にしています。同じ共同体に住む者として、寄留者との社会的な係争の可能性があることになります。その解決策として裁判が認められるかどうか、この点が議論となるでしょう。律法は寄留者を守るように定めつつも、イスラエルの民と不平等に扱うことを認めてもいます。例えば、イスラエル人奴隷と外国人奴隷の扱いには差が設けられています。ですから、寄留者の法的な地位はイスラエル人とは違っているのです。（近代の法の前での平等という理想とは違い）この法的地位の差はどのような社会においても現実として起きてきました。それは古代イスラエル共同体においても例外ではありません。しかし、寄留者であっても、イスラエル共同体の地域に住む限り、社会的な争いの当事者になりえます。もし、寄留者を裁判の対象から外すとなれば、イスラエル共同体の統治が及ばない空間を作ってしまうことになり、社会的な危険性をはらんでしまいます。共同体の誰か（イスラエル人であれ、寄留者であれ）が自らの力で好き勝手すれば、それは社会的な脅威です。それでは十分に社会的な秩序を期待できなくなります。実際、申命記一章の中盤には裁判に関する規定が記されていますが、その対象として寄留者も含めるように定められています（十六節）。つまり、律法も寄留者を裁判の対象として含めることで、その統治下に治めていきます。ですから、第九戒からすれば、隣人にはイスラエル共同体に住む同胞だけでなく、寄留者に関する偽証も禁じられていることになります。そのような意味で、この規定が保護しようとしているのは当事者だけでなく、社会そのものであることが解ってきます。

11　第十戒　二十章十七節

あなたは隣人の家を欲しがってはならない。隣人の妻、男性の奴隷、女性の奴隷、牛、ろばなど隣人の何をも欲してはならない。

この第十戒の構文としては、二つの禁令が述べられています。内容としては、まず「家」に言及することでイスラエル共同体に住む人々の不動産を財産として保証しようとしています。第二の規定は、前半の「家」への言及を受けて人々の（動産一般を含めた）財産全般の保護規定として機能しています。

この戒めも倫理的な観点から解釈すべきではありません。モラルとして他者の物を欲しがることを禁じるべきでしょうが、第十戒はそのような意味ではないということです。この規定で保護されるべき社会的な利益は所有財産であり、その観点から考えるべきです。イスラエル共同体内では、土地は究極的にはヤハウェに帰属している、とされています。それは、第四戒の安息日規定の議論で見てきた通りです。土地の最終的な所有権を神ヤハウェに認めることで、土地の独占を避けようとしました。しかし、個々人の土地所有が認められており、共同管理をする発想は述べられてはいません。むしろ、土地はその家の世襲財産とされています。農地やそれに付属する土地は、いったん誰かに譲渡されても、元の所有者に戻すことを理想としています。この考え方も土地の独占の予防になっていますが、個々人あるいはその家族が所有する土地によって生産・生活することが許されている結果になります。古代イスラエルにおいても、奴隷制度や妻を所有物と考える結婚制度が認められていたがゆえに、人間も所有財産として保護対象とされていると考えられます（この点は、現代の価値観とはまったく違います）。家畜も生産のための所有対象物として認められています。所有が認められた社会においては、それが危険にさらされるとするならば、その社会は混乱を生みます。その所有が生活の保証の重要な一部になっているからです。労働力を所有として確保することで生活が成り立っているとするならば（この規定では奴隷制度を意味しています）、その労働力が不当に奪われることは、その生活が失われることを意味します。それは、避けなければならないことです。所有権を保証することで、人々の生活を成立させることにこの規定が目指す保護内容があります。

第十戒は、所有権の保護規定という意味では第七戒と重複します。妻は夫の所有とされていたからです。しかし、第十戒は所有権の侵害に関して一般的なことを語っているので、第十戒の方が第七戒を包含していると言えます。同じような内容が重なっているのは、第十戒と第七戒がそれぞれ独立して現在の形になったことを推察させます。第十戒は隣人の妻を欲することを禁じてはいますが、姦淫ということばを使ってはいません。この規定は結婚制度という社会的な要素まで深く根ざした議論を意図していないと判断することができます。結婚制度はその社会の成り立ちにとって重要な部分であり、その制度が規定通りに運用されないとするならば、社会制度そのものの根幹にかかわってくることです。しかし、第十戒はそのような側面から社会秩序を守ろうとした規定ではないと考えられます。

ここでの「欲する」ということばに、他者の所有物を自らの物とするという意図だけではなく、損害行為も第十戒の意図とする行為に含まれるかどうか、そのような議論があります。後者の意味が文字通りとして第十戒に認めることは難しいと言えるでしょう。しかし、所有権の侵害自体が損害を与える行為であるとするならば、損害を与えることを目的とする行為も間接的に含まれることにもなるでしょう。

まとめ

これまで、神ヤハウェの古代イスラエル共同体に対する福祉の実現として十戒の諸規定を解釈してきました。シナイ契約はイスラエル共同体に「神の支配」の実現を目指すように定められ、その内容を律法として表現したと理解しました。その「神の支配」は、神ヤハウェの価値観に生き、互いに助け合って生きることを意味しています。このような福祉的な性格は、間接的に共同体の社会秩序を守り、同時にその秩序維持が人々の福祉を守ることに役立ったのです。しかし、律法にはその福祉的な次元とは違った性格を示している面もあります。次にその点を見ていきましょう。

社会秩序としての律法

律法はそれが社会的な規範である限り、その社会の秩序を守るという次元があります。この特徴は律法を考える上で無視はできません。律法解釈の問題だけでなく、さまざまな方面で社会的な秩序の強調は影響を及ぼします。以下、福祉的な次元よりも、そのような社会的な秩序に焦点を絞った律法や聖書テクストについて見ていくことにします。

1　出エジプト記三十一章における安息日への言及

十戒における安息日規定（第四戒）そのものは、労働することの命令と第七日に労働から離れることを述べるだけです。安息日の目的や保護すべき社会的な利益については、その戒めが定められた理由が手掛かりになるとは考えられます。出エジプト記には創造の秩序が理由として挙げられ、申命記では奴隷解放の記念について言及されています。一見すればその理由は相互に直接的な関連性はないと思われますが、人間の尊厳の回復という点で共通性を見出すことができます。しかし、第四戒が示す安息の意義はそこまでです。その内容を探るために、本書では七年ごとの安息年とヨベルの年を検討し、安息の意義を古代イスラエル共同体の経済政策に求めてきました。それは安息日規定においても当てはまることであると本書では理解しています。このように、第四戒の記述は不十分な説明しかなされていないので、その理解には間接的な作業が必要です。その一方で、安息日を遵守することの重要性を、別の角度から、より詳細な内容と説明をもって訴えている聖書テクストがあります。出エジプト記三十一章十二～十七節はその代表となるテクストです。これまで本書が探ってきた安息の意義とは違って、より社会秩序を重視する内容になっています。

出エジプト記三十一章における安息日規定は、シナイ契約の文脈に置かれているという意味では、十戒と並列していると言えます。ですから、聖書テクストとしてこの規定もシナイ契約の価値観を表示しているものとして理解されます。

この聖書テクストは四つの内容から成り立っています。

a　安息日を守ることの命令（十三節a、十四節a、十六節）

直接的な命令であり、この規定の第一の趣旨が述べられています。この命令の第一の特徴は

「安息日を守る」という表現自体に求められます。この命令の内容は、実は直接的には説明されていません。つまり、安息日には労働を休むことが命令としては明示されていないのです。やっと、十五節の説明から間接的に、安息日に労働を休むことが規定の内容であることが解ります。労働を離れて休むことが第四戒では規定の趣旨になっているのとは違い、安息日の規定そのものを「守る」ことに重点がシフトしています。もちろん、このテクストの原読者がすでに安息日には労働が禁じられているとの理解がすでにあったはずなので、それを詳しく説明する必要はなかったとの推論も成り立ちますが、労働をしないという内容が直接的な命令として記されていないことは事実です。第二の特徴は、この「安息日を守りなさい」という命令が繰り返されていることです。繰り返しは強調であると考えられます。しかも、この規定の説明が次の説明に移るとき、その都度に命令が記されています。つまり、安息日を守り実行すること自体にこの聖書テクストは関心があり、労働を離れるということ自体にはあまり意味を見出していないように思われるのです。労働を休むのはそのように規定されているから、というのがこの聖書テクストの安息自体に関する理解であると解釈できます。

b　安息日規定を汚す者への罰則（十四節b、十五節b）

第四戒には安息日を遵守する命令は述べられていても、それを守らなかった者への処罰は記されていませんでした。それは、十戒そのものの特徴でもありました。それとは対照的に、この聖書テクストには「安息日を汚す者」への明確な罰則が記されています。「安息日を汚す者」とは安息日を遵守しない人々として解釈できます。安息日に働いている者は処罰しなければならない、しかもそれは死刑に値するとまで言われているのです。実際にそのような刑罰が執行されたかどうか、それは別の議論が必要でしょう。確かに、この罰則に対応するように、民数記十五章二十二節以下には、安息日規定を犯した者を石打ちで処刑した記述があります。ですが、安息日規定に違反した者をすべて死刑に処したと考えるのも難しいことです。それでは、別の意味で社会的な秩序が脅かされてしまいます。これらの聖書テクストは、安息日規定を軽視することは死に値するほどに重要であることを語っていると解釈しておきたいと思います。死刑への言及は、安息日の重要性の消極的な表現として理解できます。本書では、安息の意義を、分配を目指す経済政策であると理解してきました。そのような理解に照らして、安息日を遵守しないことの意味合いを、このような基本的な考え方を犯し、社会的な弱者を顧みず、自分の利益だけを追求する独占を目指す生き方をしていることに求めることはできるように思えます。しかし、この規定自身にはそのような意味合いを見出すことはできないと判断されます。安息日に労働を離れたという事実自体に、この安息日が遵守されたことの意義を見出しているからです（十五節b）。罰則規定が設けられていること（しかもその罰則規定が厳しいこと）は、この規則の重要性が語られているときに、経済政策という内容を吟味することよりもその規則そのものを守ることがより重要であることを意味しています。

c　安息日規定の目的の提示（十三節b）

第四戒には安息日規定の目的は記されていません。仕事を離れること自体が目的とは言えますが、それ以上のことは語りません。出エジプト記三十一章では、この規定の目的を「イスラエル共同体の人々がヤハウェを知る」ことに求めています。「知る」とは、単なる情報として確認するということではありません。すでにイスラエル共同体の人々は、自らが礼拝している神がヤハウェであることを承知しています。ここでの「知る」とは、神ヤハウェとイスラエル共同体の親しい関係を表現していることばとして解釈できるでしょう。その親しさは関係性の維持ですが、両者の関係は決して対等なものではありません。神ヤハウェがイスラエル共同体を支配し、イスラエル共同体は神ヤハウェに従う、そのような関係です。このような支配・服従関係が「知る」ということばで表現されています。この目的を記した文には、神ヤハウェがイスラエルを聖なる者とするという神ヤハウェの意志が付加されています。「知る」という表現の言い換えではありますが、「聖」ということば自体は「分離」を意味します。イスラエル共同体は他民族からは分離されて、特別な存在であることを語っています。それは、イスラエル共同体のアイデンティティの課題につながっていきます。つまり、イスラエル共同体が神ヤハウェの民であるために安息日規定を遵守するのであり、それは共同体のアイデンティティの確立という結果を生み出すのです。ここでも安息そのものの内容については考えられてはいません。第一に考慮されているのは、神ヤハウェとの関係です。

d　しるしとしての安息日の説明（十七節）

安息日規定は、神ヤハウェとイスラエル共同体との関係を表す永遠のしるしであると述べられています。しるしとは、何か別の物を指し示す働きをすることば・物質・制度などです。しるしとなっている事柄は、それ自体で目的化されません。つまり、安息日に関する規定は、イスラエル共同体に属する人々がある特別な日（聖としての安息日については十五節に記されています）に労働を離れて休むことを目的として定めているわけではなく、神ヤハウェとイスラエル共同体との関わりを表現する役割を担っていることになります。安息という規定の内容は、その役割を果たすための手段でしかないのです。安息日の規定通りに定められた日に労働を離れれば、神ヤハウェとの関係性は維持されます。しかし、その日に労働をすればその関係は断ち切られることになります。安息日規定の遵守は、イスラエル共同体が神ヤハウェからの祝福を獲得できるのか、失ってしまうのか、その分岐点として安息日規定を扱っているのです。

このようなしるしとしての安息日の理解は、創世記冒頭の創造物語と結びつくこと（十七節b）で強化されます。出エジプト記版の第四戒でも安息日規定は創造物語と関連づけられていました。本書ではこの第四戒が定められた理由を、創造の意義である命を生み守ることに求め、人間の尊厳の回復と維持という観点から考えました。しかし、出エジプト記三十一章の安息日規定では、神の創造は命を守るための秩序ではなく、古代イスラエルの社会秩序の維持であることが強調されています。安息日を遵守するという社会的な秩序は、人間が経験的に定めたものではなく、神ヤハウェが創造の中で定めたものであり、この世界の秩序の一環であることが主張されています。したがって、安息日を遵守することはイスラエル共同体にとっては良し悪しの問題ではなく、世界の秩序としてそのように生きなければならないのです。十七節の創造への言及は、そのように解釈することができます。

2　ネヘミヤ記十三章に見られる安息日の理解

安息日規定が社会的な秩序維持としての機能を期待されていたことを律法そのものから見てみました。ここではネヘミヤ記に述べられている物語（ネヘミヤ記十三章）から同様の内容を考えてみたいと思います。

エズラ記とネヘミヤ記の内容は、バビロン捕囚からペルシア帝国によって帰還を許されたイスラエルの民が自らの共同体を再建するという文脈で著されています。エズラ記によれば、帰還民はエルサレムに神殿を建立します（第二神殿）。それは建物の再建という意味だけではなく、新しいイスラエル共同体の宗教システムの構築を意味しました。エズラ記のもう一つの強調は、外国人との結婚の解消です。パレスチナ地方に残っていたイスラエルの人々は他民族の人々と結婚をしていましたが、新しいイスラエル共同体はこのような状況を受け入れずに、結婚相手である外国出身の女性たちを共同体から追放します。新しい共同体が他民族との関係を神経質に注視し、しかもそれをできるだけ排除したいと考えていたことが解ります。

ネヘミヤ記では、エルサレムの城壁の建設について語られています。その建設にあたって他民族との難しい関係が存在したことが記されています。エズラ記と同様、他民族との関係を消極的に評価しています。次にネヘミヤ記で注目すべきポイントは、律法が朗読されていることです（八章）。旧約聖書の最初の五書である律法が、現在の形になった歴史的な経緯についてはさまざまな議論があります。ここで朗読されている律法が、私たちが読んでいる律法そのものであったのかどうか、それも確かなことは解りません。しかし、重要なことは、律法が新しい共同体で重視されていることです。ダビデ王朝から南北王朝時代にかけて、律法が重視された形跡はほとんどありません。神殿や聖所と呼ばれる場所での犠牲などの礼拝行為が、神ヤハウェとの関連では重要であったと考えられます。ヨシア王の時代に律法が発見されたという記事があります（列王記下〈第二〉二十二章八節以下）。この記事は、それまでは律法が読まれることがなかったことを示唆しています。新しい共同体で律法が重要視されるにいたった理由はさまざま考えられます。南北イスラエル王朝が滅ぼされたのを律法違反への神ヤハウェの裁きと理解して、今度はその律法を大切にする方針になったと推察できます。また、エルサレム神殿が破壊されて神ヤハウェ礼拝の中心的な存在が失われてしまい、書かれた文書（律法）にその中心的な意義を見出そうとしたとも考えられます。いずれにせよ、新しい共同体において、第二神殿とならんで、律法が重要な地位を占めるようになりました。

トーラー（律法の書）の中には数多くの律法規定が記されています。しかし、その内容は時代的な制約を受けています。例えば、移動式の礼拝場所である幕屋について考えてみましょう。そのサイズや建て方の指示は、固定式の第二神殿にとって実際的な意味を見出すことは難しかったと思われます。その指示に神学的な意義や象徴的な意義を見出したとしても、文字通りにその指示に従うことは現実的ではなかったはずです。新しい共同体にとって有意義な律法規定を選び出し、再解釈するようなことが迫られたと考えられます。のちのユダヤ教は、割礼の儀式、食物に関する規定、安息日規定、祭りの規定などを特に重んじました。それは、新しい時代への律法の適用の結果とも言えることであり、不可避なことでした。

ネヘミヤ記十三章の安息日に関する記述は以上のような文脈から理解する必要があります。安息日に、多くの人々が葡萄酒や穀物をエルサレムに運び入れているのが目撃されます。また運び入れられた食物が売りに出されている様子も述べられています。外国人であるティルスの人々もエルサレムに住み着いていて、この安息日の商売に関わっていたことが解ります。このような安息日の商売に直接的に関わった人々は叱責を受けます。安息日規定に違反していると考えられたからです。加えて、それを容認していたエルサレムの貴族階級の人々も非難されています。

十七節から十八節の叱責のことばの内容を見ていきましょう。安息日に商売をして労働していることを悪事と呼び、安息日を「汚している」としていました。この「汚す」ということばは、出エジプト記三十一章十四節にも用いられています。この二つのテクストは共通して、安息日に労働することは、安息日を「汚す」ことであると考えています。「汚す」とは、「聖」という考え方に由来しています。もう一度「聖」について考えてみましょう。「聖」とは元来は「分離」を意味し、「俗」と対になる考え方です。「俗」は日常を意味し、「聖」は非日常を意味します。その「聖」は日常に対して影響を与えるのですが、良い影響を別の意味で「聖」と呼んだり、「清」「貴」と呼んだりします。一方、悪い影響を「穢」「汚」と呼んだりします。ですから、安息日に商売をはじめとする労働を行うことは、イスラエル共同体の日常生活に悪影響を及ぼすと警告し

ていることになります。ただ、この「穢れ」の警告は、律法違反である「罪」と同定されていま
す。すでに指摘したように、もともと「穢れ」は社会規則の違反（罪）とは違った概念です。例
えば、世界共通の考え方として死を「穢れ」と理解する習慣がありますが、死は規範を犯したわ
けではありません。しかし、安息日の違反が「穢れ」と言い換えられて、社会的な悪影響（穢
れ）と規範への違反（罪）とが結びつけられています。

同様の律法違反を先祖は行ってきた、という認識が記されています。その認識は、神がイスラエル共同体の人々とエルサレムの人々に裁きと不幸をもたらしたという考え方に由来していま
す。つまり、神ヤハウェによってイスラエル共同体が滅ぼされエルサレムが陥落したのは昔のイスラエルの民が安息日を遵守しなかったからである、そのような見方が共有されていたというこ
とです。安息日規定への不従順というのは、単なる安息日だけの問題ではありません。むしろ、安息日に代表される律法が意図されていると考えられます。この聖書テクストでは、目の前の問題が安息日に関わっていることから、特にその律法について言及されていると判断されます。イスラエルの先祖たちは律法を蔑ろにしてきた、その結果が神ヤハウェによるイスラエル共同体の滅亡としての裁きであった、そのような理解に基づいています。

そして、その視点は過去から未来へと移ります。もし安息日を汚し続けるならば、再び未来において神ヤハウェはイスラエル共同体に同じような裁きを行うと警告されています。この聖書テ

クストの関心は、律法の文言そのものへの遵守です。その内容を吟味して、律法が守ろうとしている人々に関心を寄せるという考えも、社会的な利益を実現していくという発想も見当たりません。律法は神の意志そのものであり、それであるがゆえに、律法の意義は神ヤハウェが定めたという事実そのものに依らなければならないことになります。そのような見方から逸脱すれば、神ヤハウェによってイスラエル共同体は再び滅ぼされてしまう、そのような恐れを背後に見ることができます。新しいイスラエル共同体が自らの中心の一つに律法を置いた理由が、この聖書テクストに表現されているのです。過去の失敗が未来への教訓とされていますが、律法が定められた目的や理由は抜け落ちています。

安息日規定を実施する様子が十九節以下に記されています。当時の日付の変更時間は日没です。現在の時間の感覚からすれば、安息日は週の終わりの日の前日の日没で開始し、週の終わりの日の日没で終了します。この日没と日没の間の時間が安息日となります。その期間、エルサレムの城門が閉じられて、荷物の往来ができなくなりました。それればかりでなく、商売の準備をするために城壁の外で安息日が終わるのを待っている人々も追い返してしまいます。

この出来事は、律法を文言によって重視する立場から、時間的な区別と空間的な区別を象徴的に描いていると言えるでしょう。安息日はある一定の期間（週の終わりの日没から日没まで）にだけ有効です。イスラエル共同体は労働や商売を疎んじたり、禁じたりはしていません。むしろ、旧約聖書は労働そのものに対して高い評価を与えています。しかし、安息日という制限された時間においては禁じられ、排除されるのです。その結果として、生きていくために、その時間には働かざるをえない人々をも排除することになります。安息日を人々に守らせるために空間的な制限を設けて、人々が安息日に働けなくする安全策を採用します。本当はエルサレムの中にいても商売をしなければ、その人々は安息日に違反したことにはならないはずです。律法の文言を守らせるために、その外側にもう一つ枠組みを作って、その枠組みの中には入れないようにするのです。律法の拡大解釈と言って良いでしょう。神ヤハウェが定めた律法に違反したという事実から裁きを理解すると、それに違反しないための努力をします。その方策の一つが、違反につながるような危険な要因をあらかじめ取り除いておくことです。そのために、律法に関わる空間や時間を制限して、その制限に当てはまらない人々や事態を共同体から排除するのです。律法の外側にもう一つの制限の枠組みを作る方策は、その排除の論理の一環です。

出エジプト記三十一章と同様に、ネヘミヤ記十三章の記述について聖書テクストは積極的に肯定をしています。つまり、律法が神ヤハウェによって与えられたという事実を重視し、そこに律法遵守の動機を見出すスタンスを聖書テクストは認めていることになります。これは、本書では、社会秩序の維持を第一の目的に置く律法理解であるとしてきました。その意義をまとめて次に見ていくことにします。

3　社会秩序の維持制度としての律法

旧約律法には福祉的な次元があり、本書ではその点に注目し、イスラエル共同体の人々の命や生活を守るという観点から十戒を解釈してきました。つまり、十戒が守ろうとする人々や社会的な利益を十分に考慮する必要を意識してきました。その一方で、律法には社会的な秩序を守ることを第一義的に考えている規定があります。安息をめぐる律法はこの二つの性格について語り、両者を対照的に描いていることはこれまで見てきた通りです。

確かに、律法を福祉的な視点から考えるにしても、社会の秩序について考慮しなければなりません。律法が生きて働くのは社会だからです。律法には神とイスラエル共同体という縦軸がありますが、同時に共同体内の人間関係という横軸が存在します。見えない縦軸の関係は、横軸によって見える形になります。共に集まる礼拝がそうですし、社会の中に神ヤハウェの価値観が貫徹される状況もそうです。神との関係を考える上でも、社会という存在は無視できません。律法の福祉的な解釈においても、社会秩序の視点はつねに意識されます。社会の混乱は人々の命や生活を脅かし、社会の安寧は人々に安全と安心とをもたらすからです。十戒をはじめとする律法は個人に当てはめるだけでは十分にその機能を果たすことはできません。社会的な秩序は人々の福祉に役立つものとして位置づけられます。

しかし、ここで検討しようとしている社会的な秩序はそのような観点とは少し違ってきます。律法のもう一つの次元は、その社会秩序の維持そのものを目的としていることです。これについて、律法と共同体全体との関係を考える必要があります。イスラエル共同体が律法を遵守するためには、個々人がその律法を守ることだけでは十分ではありません。個人レベルで律法を考えると、個々人でその律法の解釈が変わるでしょう。それぞれの生活スタイルや価値観が異なります。実際に、どこまでが律法が禁じた行為なのか、あるいはどこまでが律法が許容できる行為なのか、個々人で意見や適用が違ってきます。それでは共同体内での律法理解がバラバラになります。新しい共同体が律法を問題にしているのは、あくまでも社会レベルの話です。イスラエル王朝が滅ぼされたことについて、聖書テクストは個人レベルで律法を遵守しなかったことを糾弾してはいません。むしろ、王を代表とする王朝全体として律法を軽視したことに責任を問うているのです。ここには、社会としてのイスラエル共同体レベルで律法を遵守するという発想がありす。士師記が問題視している社会状況として、各々が好き勝手をしていたという表現があります。つまり、一つの民としてまとまっていないことを問題にしています。その背後には、イスラエル共同体が契約において一つにまとまるべきであるという理想が存在します。この理想と新しいイスラエル共同体の考え方とは重なり合ってきます。

社会レベルで律法を守るような共同体を建設しようとするならば、社会的な秩序が求められます。社会の秩序は、ある一定の社会的な規範への理解とその実践によって整えられます。ネヘミヤ記十三章の安息日規定に関する記述は、社会の中で互いに違った安息日に関する理解を、ある一つの考え方にまとめようとした出来事として解釈できます。ある人々は、安息日に食料を運び込んだり商売したりすることは認められるべきであると考えました。少なくとも、安息日の文言の趣旨としてそれは認められないにしても、そこまで厳密に運用する必要はないと考えたはずです。しかし、ある人々は、安息日に物品を移動することも、それで商売することも、安息日では禁じられていると理解していました。後者の言い分が通り、それが社会レベルでの統一した見解となったのです。そして、その見解に基づいて安息日規定が運用されることになりました。結果、安息日に食品を運搬することもそれで商売することもできない、そのような社会秩序が確立されました。同じような道筋をたどって、律法規定に基づいたさまざまな社会的な秩序が生まれたと考えて良いでしょう。律法を社会の根幹の一つとして認めようとする結果としては当然です。

このような社会秩序を維持していく担保の一つとして、秩序を乱した者に罰則を与える規定を設けます。一定の社会秩序を守っていくためには、その社会の構成員の意識が最も重要です。その社会秩序の意味や目的を共有して尊重する態度を示さなければ、その社会は維持されません。しかし、このような意識だけでは十分ではないことも確かです。社会秩序の具体策として示されたルール（規範）を突発的にあるいは継続的に犯して、秩序を破ってしまう人々や出来事が必ず起きます。それに対する処置としてあらかじめ罰則を定めておき、違反への抑止力にしなければなりません。罰則を強調する律法は、イスラエル共同体の秩序を乱す人々や出来事を抑止する力に期待しています。出エジプト記三十一章の安息日規定で罰則が強く述べられているのは、この規定が社会的秩序の維持へ関心が向いていることを表していると考えられます。

律法主義の危険性

上記のように、律法には社会的な秩序を守ろうとする機能が与えられています。しかし、この機能が強調されるときに、律法の福祉的な次元が忘れ去られてしまいます。律法が与えられたそもそもの理由、律法の内容、その律法が一義的に守ろうとしている人々や社会的な利益は、社会秩序の前に意味をなくしていくことが多いようです。これは、人々を容易に律法主義に転落させていく要因になります。律法主義の定義はさまざまあるでしょうが、ここでは「規範が定められた目的や理由を無視して、規範の文言にのみこだわって、それを守ろうとする態度」としておきます。「律法」ではなく「規範」ということばを用いました。律法主義は聖書の律法だけにこだわった考え方ではないからです。キリスト者に限って話をしてみましょう。キリスト者には聖書が与えられて、それを信仰と生活の規範とする告白をします。聖書にはさまざまな規範が記されています。それは、旧約律法だけでなく、新約のイエスのことばや書簡類の中にも認められます。また、聖書以外にも、キリスト者としての倫理的な規範や、各教派・教会で独自な規範があります。また、教会以外の社会的な規範も存在します。律法主義はこれらすべての規範をカバーしている態度ですので、定義としては「規範」という表現を使いました。このあたりが混乱して、律法主義ということばが使用されます。また、律法と律法主義とが同定されてしまい、律法の本来の意義が誤解されていることも多々あります。本当は「規範主義」とでも呼ぶ方が正確ですが、通例に従って、本書でも「律法主義」という表現を用いています。

律法主義の危険性は、規範の本来の意義を失わせてしまうことです。旧約律法の本来の意義は、神ヤハウェの価値観をイスラエル共同体に実現するためのシナイ契約を人々の生活の中に根づかせることでした。神ヤハウェは、過酷な状況から人々を解放し、その人々が互いに助け合って生きていくことを実現しようとしました。律法は神ヤハウェの価値観に貢献する役割が期待されています。そこには人間の存在が認められています。しかし、律法主義においては、律法の文言を遵守すること自体が神ヤハウェの価値観の表現とされてしまい、シナイ契約の趣旨は問題にされなくなります。律法はその内容のゆえに尊重されるという考えが消え、神が定めたという理由だけが残ります。そして、文言としての律法を遵守したかどうか、そこが問題にされるようになります。人々を生かすという発想は後退します。律法主義は文言としての律法を基準に置いて、イスラエル共同体の人々を分断してしまいます。本来、シナイ契約では共同体は一つであることが理想とされていますが、律法主義はその理想を変質させます。文言としての律法基準に達しない人々を共同体には加えないようにして追放し（実際には、物理的に追放するのではありません。共同体の正式メンバーとは認めないという意味です）、その基準に達している人々だけで共同体を形成していることにしてしまいます。律法主義は旧約律法だけでの問題ではなく、どの時代においてもどの場所においても、形は変わっても同様の課題は起きます。キリスト教会もそこに含まれます。

律法主義は、人間は助け合って生きているという現実を見ないようにさせます。むしろ、その社会の強者が規範を通して見ている世界観のみが現実のように誤解をさせてしまいます。文言としての規範にこそ理想を求めるからです。その社会的な規範に適合しない人々の存在など無視しても問題ではなくなります。律法主義は神ヤハウェの価値観を守ろうとする動機に押し出されてはいますが、皮肉なことに、社会的な弱者を救済しようとする神ヤハウェの意志を軽視してしまう結果になります。律法主義は人間そのものを隠してしまうのです。

アイデンティティ形成の課題

社会秩序の維持という律法の機能が強化されていくもう一つの理由として、アイデンティティの課題があります。律法に基づく社会秩序が確立されたとしても、それは維持されていかなければなりません。そのために、律法がイスラエル共同体のアイデンティティ形成に貢献していくことになります。例えば、ローマ人への手紙二章十七～十八節には、ユダヤ人（キリスト者）が律法を与えられたことに自らのアイデンティティを求めていることが暗示されています。共同体としてのアイデンティティは、その社会の統一にとって重要な基盤となります。個人レベルにおいても共同体レベルにおいても、アイデンティティは外部から閉じて形成されるように考えられるかもしれません。アイデンティティは当事者そのものの課題であるように映るからです。もちろん、アイデンティティについて、その当事者の内側の課題は克服されていかねばなりません。しかし、当事者の外部との関係もアイデンティティの確立には必要です。個人も共同体も社会的な存在であり、他者との関係性の中で自らが位置づけられるからです。とは言え、それが実際に意識されないことが多いようです。特に共同体と外部との関係が消極的に評価される場合は、アイデンティティの形成・確立はその内部という要素のみに求められてしまい、それがある種の「純粋性の神話」として理想化を生んでしまいます。その理想は、社会そのものが純粋にならなければ実現しないと考えられるようになります。その理想化のためにあるべき社会の姿や秩序が定められ、その秩序を目指した社会の運営が行われます。

レビ記は、イスラエル共同体のアイデンティティを「聖」と表現しています。「聖」の元来の意味は「分離」であることはすでに述べました。その「聖」の内容は、イスラエル共同体がユニークな存在として認められるべきことを意味しています。イスラエル共同体のユニークさを神ヤハウェとの関係から考えるならば、その「聖」とは神ヤハウェとの関係の中で理解されるべきものです。神ヤハウェという外部との関わりの中で、「聖」としてのアイデンティティが存在するのです。しかし、「聖」である分離が、アイデンティティの形成とその維持に自閉的につながってしまうことがあります。神ヤハウェの価値観とは関係なく、イスラエル共同体がアイデンティティを求めてしまうのです。それは、共同体としての「聖」が「純粋性の神話」と結びつく事態を意味します。この事態が内部に向かってしまうと、その神話の基準によって共同体内部の人々を分断し、律法主義を生み出し、それを助長することはすでに指摘した通りです。律法の基準を満たす人々と満たさない人々とを分けて、前者に共同体としてのアイデンティティを認めます。後者は「聖」を犯す「穢れた」者として、そのアイデンティティから分離・隔離させられてしまうのです。前者の「純粋性」は後者を分離することで保たれ、共同体としてのアイデンティティが維持されると考えられるようになります。同じ共同体に属しつつ、その共同体に安い労働力で貢献する「穢れた」人々が、共同体全体のアイデンティティのために分けられ、差別される状況に陥ります。

「聖」と「純粋性の神話」との結びつきが外部に向かうと、イスラエル共同体は他民族から分離していくことになります。その場合、「聖」は単なる分離を意味するだけでなく、他民族に対するイスラエル共同体の優位性の意味が付加されていきます。「聖」ということば自体に優位性を表現する意味がないとしても、分離によって民族としての正統性を訴える限り、少なくとも、他民族に対して自分を劣位に置くことはありません。そのような優位としての自意識が、他民族の影響によってイスラエル共同体は堕落させられたという理解と結びつくと、外部は悪い影響を及ぼすだけの「穢れた」要素としてしか評価されなくなります（エズラ記九章十一節）。そのアイデンティティ理解は、孤立主義へと向かっていきます。本当は、どのような共同体も外部との関係がなければ生きてはいけません。そのような意味で外部を否定することなどできない現実があります。しかし、「純粋性の神話」は、自らの都合によって外部との関係を維持しつつも、その外部に対して差別的な意識を持つという矛盾をその共同体にもたらします。

内外の異質との交流を拒絶するアイデンティティ形成は、福祉的な内容よりも社会秩序そのものを重視する律法理解を生み出しやすいと言えます。しかし、アイデンティティはつねに、異質なものとの出会いによって形成されていきます。異質な他者を見ないでアイデンティティを形成しようとすることは、その現実と矛盾します。その矛盾を抱えたままでいますと、いびつな社会秩序を生み出してしまいます。律法には社会的な秩序維持の機能が備わっているとは言え、その機能の扱いを誤るとそのような矛盾を作り出してしまいます。社会秩序や「聖」を強調する律法の解釈において、神ヤハウェという視点を抜きにしてはならないと思います。神ヤハウェはイスラエル共同体のアイデンティティを形成する外部要因であり、しかもイスラエル共同体にとっては決定的な要因であること、この点を押さえておきたいと考えます。イスラエル共同体にとっての「聖」は神ヤハウェの価値観に基づくことなのです。

第三章　山上の説教

　シナイ契約という観点から十戒やその他の律法の意義について考えてきました。キリスト者にとって、律法は旧約テクストに含まれているのであり、それ自体で律法を読むことには十分な意味があります。同時に、キリスト者には新約聖書が与えられており、この新約の視点で律法を読み直すこともできます。キリスト者が自らを旧約の支配下よりもむしろ新約の支配下にあると位置づけるのは自然です。旧約テクストと新約テクストとは、各々が著された時代・文化的な背景が違いますし、両者間には神学的にも複雑な関係があります。キリスト者の律法に対する見方の難しさは、本書の冒頭でも述べた通りです。最後の章では、新約聖書で扱われている律法の考え方を、マタイ福音書に記されている「山上の説教」から見ていくことにしたいと思います。

　初代教会の旧約律法に対する考え方は、新約テクストの主要なテーマの一つです。それは、初代教会がユダヤ教の一派として登場し、ユダヤ教としての自己意識を保持し続けていたことに由来します。使徒の働き（使徒言行録）には、エルサレム教会にはパレスチナ出身のユダヤ人キリスト者とギリシア文化で育ったディアスポラのユダヤ人キリスト者という二つのグループが存在したことが記されています。前者は律法（とその伝統）を厳格に遵守しようとし、後者は比較的緩やかに律法を考えていたようです。それゆえに、エルサレム教会への迫害は後者に集中することになりました。その後、非ユダヤ人（外国人）がキリスト者になるという、エルサレム教会にとってビジョン外の出来事が起きます。そこで問題になったのは、非ユダヤ人キリスト者に対して旧約律法やユダヤ教の伝統・慣習の遵守を求めるかどうか、でした。パレスチナ出身のユダヤ人キリスト者は、非ユダヤ人キリスト者は旧約律法を遵守しなければならないと主張しました。ディアスポラのユダヤ人キリスト者は、その必要はないと主張しました。エルサレム会議（使徒十五章）ではディアスポラのユダヤ人キリスト者の意見が基本的に認められましたが、両者の理解の違いは完全には解決しなかったようです（ガラテヤ二章）。むしろ、非ユダヤ人キリスト者が教会の絶対多数になるまでは、この課題は継続していったと考えられます。初代教会にとって律法の扱いは、福音の理解にとって重要であったことが解ります。

以上のような律法の扱い方は、誰に対してどのように律法を適用すべきなのか、この点を問題にしています。律法の内容やその意義についてあまり議論されることはありません。パウロ書簡を見ていきますと、律法はほとんどユダヤ教徒の習慣として位置づけられているようにも解釈できます。それに比べて、本書で検討しようとしている「山上の説教」は、むしろ律法の内容そのものに注意を払っています。律法の定義をし、具体的に律法の解釈をしています。それは、マタイ福音書はユダヤ人キリスト者の共同体を背景に書かれ読まれたからだ、と推察されています。もしそうであれば、ユダヤ人にとって律法は重要であり、マタイ福音書に関わったキリスト者（著者、原読者）はこの課題から逃げることができません。むしろ、律法という文化の中で生きてきたユダヤ人キリスト者であるからこそ、イエスが語り実現しようとした福音との関係について解決しておかねばならなかったことがあったと考えるべきでしょう。イエスの福音という新しい事態について、律法というユダヤ教にとって伝統的な立場はどのように応答できるのか、この主題を律法の内容の再解釈から挑んでいるのがマタイ福音書と言えます。

律法をめぐるマタイ福音書の立場

律法に対するマタイ福音書の基本的な考え方は明確に記されています。五章十七節に述べられているイエスのことばにその考え方を見ることができます。「私が到来したのは、律法や預言者を廃棄するためであると考えてはいけません。廃棄するためではなく、完成するためなのです。」イエスの福音は旧約聖書の伝統を破壊するためではなく、むしろ実現して完成するためであるとしています。このことばの背景には、イエスの福音に旧約聖書を否定する内容を見出した人々が教会の内外にいたことを推察させます。しかし、マタイ福音書はこのような考え方を、イエスのことばとして再度否定したかったと考えられます。ルカの福音書も同じように、旧約聖書（律法、預言者、詩篇）がイエスについて記していることは実現する、そのような考え方を復活のキリストに語らせること（ルカ福音書二十四章四十四節）によって、キリスト教会が旧約の伝統を捨てていないことを表現しています。しかし、ルカ福音書がその独自の救済史という観点から旧約とイエスの福音との関係を考えているのとは違い、マタイ福音書では規範としての律法に焦点を当てていきます。五章十七節では「律法から一点一画も失われない」として旧約の伝統が維持されていくことを語り、十八節・十九節では律法の諸規定（戒め、あるいは教え）を尊重することがキリスト者にとって決定的に重要であることが述べられています。

二十節では、主の弟子である者の姿勢について記されています。「あなたがたの義（正義）が、律法学者やパリサイ派の人々の義（正義）にまさっていないとするならば、あなたがたは天の支配に入ることはできません」と言われています。まず、「天の支配」について見てみましょう。これは、「神の国」あるいは「神の支配」の言い換えです。ユダヤ教の背景のあるマタイ福音書を著した共同体が「神」ということばの使用を避けて、間接的に神を指示する「天」ということばを使ったと考えられています。「天の支配」は、人間が死んだ後に行く場所ではありません。むしろ、この世界に実現されるべき支配です。それは天にいる神が主権者であるという意味では、神の価値観がこの地上で実現している状況と定義して良いでしょう。

次に、「義（正義）」について考えてみます。この「義（正義）」は、ローマ人手の手紙三章二十一節以下で議論されている、イエス・キリストの信によって現される「義（正義）」とは意義が違うようです。確かに、ローマ人への手紙の「義（正義）」も旧約の再解釈によって明らかにされるとしています。律法を含む旧約聖書の解釈から「義（正義）」を見ているという点においては、「山上の説教」と共通しています。「義（正義）」という概念は旧約テクストに由来するからです。しかし、ローマ人への手紙の場合は、イエス・キリストの信に基づく神と人間との関係性、あるいはそのような関係性をもたらす要素（この場合、神が良しとする正義）について言及していると解釈できます。一方、マタイ福音書五章二十節では、律法そのものの解釈という文脈の中に「義（正義）」という概念が位置づけられています。神と人間との関係性ではなく、律法の実行について言及しています。「山上の説教」は、律法の実行をイエスの弟子たちに求めつつ、その実行のあり方を問題にしています。イエスの弟子にとってイエスが律法を完成したというのは、弟子に代わってイエスが律法をすべて文字通りに遵守したという意味ではありません。また、イエスの律法遵守によって、イエスに信頼し生きている者があたかも律法をすべて守ったかのように認められるという意味でもありません。あくまでも、弟子たちが律法を実行することを意図しています。イエスの語りに基づくという条件の中で、律法を実行する主体者は弟子たちとされています。

　二十節にあります、「律法学者やパリサイ派の人々にまさる義（正義）」をどのように解釈すべきでしょうか。「まさる」ということばを数的に考えてみましょう。律法学者やパリサイ派の人々が遵守している律法の数よりも多くの律法を主の弟子たちは遵守しなければならない、そのような意味になります。あるいは、数ではなく割合と考えてみましょう。律法学者やパリサイ派の人々が、律法全体の八十パーセントを守っているならば、主の弟子は八十五パーセントを守らなければならない、そのような理解になります。それでは、律法の内容を無視する律法主義の競争になってしまいます。むしろ、律法の理解において、主の弟子たちは律法学者やパリサイ派の人々に「まさる」ことが求められています。どれくらい律法を守ったかではなく、どのように律法を守ったのか、これが問われています。それは、二十一節以下に、イエスの律法に対する考え方が述べられていることから解ります。伝統的なユダヤ教の律法の理解はこのようなことでしたが、律法を遵守することとは実はこのようなことなのですよ、とイエスは語るのです。このイエスが示す律法の遵守こそ、律法学者やパリサイ派の人々に「まさる」生き方であるとマタイ福音書は語っています。「まさる」ということばを数や割合と理解してしまう現代のキリスト者は少なくないと思います。そこで律法を文字通りに守ろうとして頑張ってしまうか、最初から律法を守ることをあきらめてしまうか、いずれかの態度になってしまいます。しかし、マタイ福音書は主の弟子たちに律法の遵守を要求しています。イエスの律法理解の大切な部分を知り、それに基づいて律法を守るように勧めているのです。律法学者やパリサイ派の人々との律法理解とは異なっているのであり、その違いを「まさる」ということばで表現しています。この章では、このイエスの律法に対する考え方を検討し、イエスの弟子である者が律法を守ることの意味合いを考えたいのです。

マタイ福音書が律法の重要性を強調し、それを実際に守るように主張することで、二つのグループの人々を意識することになります。一つは、律法の実践を強調するユダヤ教徒たちです。マタイ福音書とユダヤ教徒たちがともに律法の遵守を述べているとするならば、両者の違いが見えなくなります。それでは、マタイ福音書を著した共同体がイエスに従う独自の意味を失う結果になりかねません。マタイ福音書には伝統的なユダヤ教徒との違いを明確にする必要が生まれます。そこで、イエスの律法理解を強調するのです。律法を尊重するという点では同じように見えても、その内容には違いがある、この点を強く打ち出します。それによって、マタイ福音書は伝統的な律法理解から脱していることを読者に明確化していきます。

マタイ福音書が意識しているもう一つのグループは、伝統的なユダヤ教の律法理解とは反対方向の論敵であり、律法を軽視するキリスト者たちです。マタイ福音書七章二十一～二十三節には、神の意志を行わない者への裁きのことばが記されています。マタイ福音書によれば、「天の支配」に入るのは神の意志を行う者です。この意志が律法という形で示されているとするならば、イエスが述べる方向性で律法を遵守する者が「天の支配」に入ることが許されます。しかし、「主よ、主よ」と言っている者のすべて（キリスト者全体を表現しています）が「天の支配」に入るのではないとすれば、キリスト者の中に律法を遵守していない人々が存在することになります。もちろん、マタイ福音書はこのようなキリスト者たちを非難しているのです。マタイ福音書の基本原理は律法の遵守であって、キリスト信仰を律法から切り離す考え方を非難し、そのような生き方は神の意志を無視しているとして断罪しています。そればかりか、このようなキリスト者たちのあり方は不法であり、律法を無視するばかりでなく、積極的に律法の価値を破壊しているとされています。彼らは教会に存在する「異端」的な存在であり、裁きの日において神（あるいは主イエス）から拒絶されるとあります（七章二十三節、二十四〜二十七節、十三章三十六節以下、二十五章三十一節以下）。

マタイ福音書は抽象的な議論を行っているというよりも、具体的な論敵を頭に入れていると考えられます。当該聖書テクストにはヒントとなる記述があります。主によって拒絶された者たちの弁明の中で、彼らは主の名によって預言、悪霊の追い出し、奇跡を行ったとされています。ここから、第二の論敵は聖霊運動の熱狂主義者である可能性が高いとされてきました。しかし、使徒の働き（使徒言行録）やパウロ書簡を読んでいきますと、地中海世界にあった非ユダヤ人主体の教会においてはつねにこのような預言や奇跡などが行われていたことが解ります。つまり、特定の熱狂主義者ということではなく、当時の非ユダヤ人教会が律法を軽視している状況を非難していると理解できます。パウロ書簡では、非ユダヤ人（外国人）キリスト者に対してユダヤ教の律法を直接的に適用する必要はないと考えられています。もちろん、イエスが示した価値観や教会の秩序を守るようには勧めていますが、それは旧約律法という観点からではありません。しかし、マタイ福音書の律法遵守の要求は、非ユダヤ人キリスト者を含めたすべての教会やイエスの弟子たちに宛てられています。いずれにせよ、初代教会において、ユダヤ教の律法に対する捉え方について、あるいはユダヤ教との関係についてさまざまな考え方が存在し、教会が一致していたわけではないことは確かなことのようです。

マタイ福音書は、律法の遵守をすべてのイエスの弟子に求めつつ、それはイエスが語った方向に基づいていると主張しています。次に、マタイ福音書五章二十一節から四十八節にいたる長い記述を読みながら、イエスが語る律法解釈を検討します。そして、そこからマタイ福音書の律法に対する考え方の基本部分を見ていくことにしましょう。

イエスの律法解釈

律法学者やパリサイ派の人々にまさる義（正義）について、具体的な例を挙げながらイエスは律法を解釈していきます。大きく分けて六つの律法に関する命題が記されています。まず旧約律法の文言を各々挙げ、その文言そのものを伝統的な解釈として位置づけます。そして、その解釈に対して新たな解釈を加えていきます。イエスが解釈している部分が「反対命題」と言われることがありますが、イエスは伝統的な解釈に反対したり否定したりしているようには思えません。むしろ、伝統的な解釈を認めつつも、その解釈では十分ではないと述べています。「反対」ではなく「再解釈」と言えるでしょうし、マタイ福音書の視点からすれば、神がもともと定めた律法の意味をイエスは回復したとも言えるでしょう。

イエスの解釈部分は、律法遵守のバーを高めてしまったように感じられるかもしれません。伝統的な解釈では人間の行動を問題にしているのに対して、イエスの解釈は心の問題を語っているように映ります。あるいは、通常の人間の行動を無理やり制限して、倫理観を高めているようにも見えます。つまり、イエスの解釈では実生活は成り立たないと感じます。ゆえに、イエスの基準に人間は達せられないことを自覚させ、キリストへの信仰を求めさせることにイエスの律法解釈の意義を認める解釈も出てきます。しかし、マタイ福音書は読者に対して、キリスト信仰に生きる者の生き方として、律法の現実的な遵守を求めています。この基本線からイエスの律法解釈を見ていきます。

1 「殺してはならない」（二十一〜二十六節）

この律法は、本書が検討してきた十戒に由来しています。十戒では私的な殺人の禁止として理解しましたが、この律法に対するイエスの解釈においては、とくにその点に注意は払われていません。むしろ、人の命を奪うことを禁じるという一般的な理解になっています。この律法をイエスは兄弟への愚弄を非難することばをもって解釈しています。兄弟とは家族関係のことを言っているのではなく、仲間や同胞を指しています。親しい人々を愚弄することは、最高議会に引き渡されて裁判を受けるに値するとされ、またゲヘナの火に投げ込まれてその身を亡ぼすに値するとされてもいます。文脈から理解すれば、人の命を奪うことを禁止した律法と仲間への愚弄とが同等に置かれて議論されていることが解ります。しかし、イエスが誇張法を用いているとは言え、このような考え方はどうように解釈すればよいのでしょうか。誰かを愚弄する行為は決して奨励されるようなものではないとは言え、日常生活で起きる仲間を馬鹿にすることばや行為が殺人と同じとされていることは、あまりにもバランスを欠いた内容であると思えます。

この律法規定の解釈には比較的長く、和解について述べられていきます（二十三節以下）。イエスのこの律法解釈を考える手がかりとして、この和解を見ていくことにしましょう。祭壇の前に行く前に兄弟と何か問題があることに気づいたら、まずその兄弟と和解すべきことをイエスは勧めています。ここでの祭壇へのささげものは、一般的な礼拝ではなく和解のためのささげものと理解しておきましょう。律法では、他の人に何かの損害を与えた場合、それを弁償することはもちろんですが、神の前にささげものをするように命じられています（レビ記五章など）。これを逆手に取り、神の前で和解のささげものを正しい手順で行えば神の前で赦しがもらえ、その結果、神の仲裁で和解が成立した、と人々は考えるようになったように推察できます。しかし、イエスはそれで和解が成立したわけではないと言うのです。不仲にある人、何らかの問題を互いに抱えている人たちは、直接に和解の務めをなすべきである、とイエスは主張します。神は無責任に和解をもたらすわけではなく、当事者に責任ある態度を求めているという理解がイエスにはあります。

最後も、基本的には同じように当事者の和解の責任について述べています。争うことで裁判に負けてしまえば、その賠償の最後の支払いが終わるまで罰を受けるというのです。そうなる前に、自分を訴える者と和解すべきであるとイエスは言います。理屈だけ言えば、裁判に勝てる見込みがあるなら争った方が良いということになるでしょう。しかし、このような罰のイメージを用いて警告するのはマタイ福音書の特色のひとつです。イエスが言いたいことが、人間関係における勝ち負けではなく、人間関係の和解の問題であることを忘れてはなりません。
まとめれば、和解の勧めは、人間関係において相手に対する責任を引き受けることです。この責任性は相手を思いやる言動であり、相手を大切にしていくことです。また、そのような関係を継続し、それが崩れた場合には回復させることです。この責任ある関係の中には、当事者以外の他者は誰も立ち入ることができません。その責任は当事者にしか負うことができず、神自身さえも負えないものであるとされています。この関係の中に第三者が当事者よりも優先的に入ってしまうと、当事者の責任が果たせなくなってしまいます。もちろん、技術的なこととして、第三者が仲介や調停に入ることはあるでしょう。しかし、調停によって当事者が負うべき最終的な責任をその第三者に押しつけてしまうとするならば、それは認められないとイエスは語っているのです。

人の命を奪うことを禁じる律法と親しい者を愚弄することが同じレベルで扱われているのは、この人間関係における責任性から考えることができます。殺人はその人の命や存在自体を奪ってしまうことであり、肉体的・物理的にその人を滅ぼしてしまうことです。同時に、殺人はその人の存在価値を否定して、その人との関係を断ち切ってしまうことを意味しています。殺人には人間関係の破壊という側面があります。それは、仲間を愚弄する行為においても共通した点です。

愚弄するとは、相手を卑しめてその価値を拒絶することです。しかも、少なくともその瞬間には、相手との健全な関係は消滅しています。和解の勧めの記述がイエスの律法解釈に登場するのは文脈を無視しているようにも見えます。しかし、人間関係の破壊という行為はその責任性の放棄を意味し、それは人々を苦しめている状況を生んでいることを語ろうとしています。殺人も愚弄も他者に対する責任性を放棄していることに変わりなく、この観点から同じように扱われているのです。和解はその責任性を回復する務めなのです。

イエスから見れば、殺人の禁止は、人を殺さなければそれで律法として成立するのではありません。この律法の制定の意義を、他者を大切にすること、その関係性の維持に見ています。「兄弟」に言及されているのは、マタイ福音書の特徴の反映と解釈できます。そこでは何か仲間内のことしか関心を寄せていないかのように思われます。イエスが生きた当時、律法の規定を遵守できない人々が存在しました。罪人と呼ばれて、神からの祝福に値しないと社会的に差別された人々です。しかし、イエスはこのような人々に神の祝福を宣言し、そのように行動しました。差別を受けている人々も「兄弟」であり仲間であり、彼らを見捨ててはならないのです。ユダヤ社会の人々は彼らに対する関係の責任を果たすべきである、そのような主張をこの「兄弟」ということばの使用に見たいと思います。

2 「姦淫してはならない」(二十七〜三十節)

姦淫に関する規定が記されています。この規定も十戒に関わる律法です。内容を見るとイエスは男性に語っていることが解ります。ですから、この聖書箇所を読むときに、男性の視点で読んでしまいます。またそれ自体は間違いではありません。あくまでも男性への警告です。同時に、ここは女性の視点から読むことも意識しておかねばなりません。特に当時の女性の立場を理解しないと、単なる性道徳の話になってしまいます(性別について、古代の視点で聖書テクストは書かれていますので、現代的なＬＧＢＴの課題などについては記されていません)。

イエスのことばは、二十一節以下と同じように、「姦淫してはならない」という律法への伝統的な理解から始まり、それにはとどまらない律法解釈へと進んでいきます。他の女性を求める男性(「情欲を抱く」と翻訳されることが多いようです)はすでに心の中で姦淫を犯したことになる、そのように言われています。しかも、右の眼や右の手が女性への情欲のために用いられるとするならば、それらを切って捨ててしまうようにとイエスは語ります。なぜならば、身体の一部を失っても、その方が身体全体をゲヘナに放り込まれるよりもましだからである、と続けます。情欲を抱いて女性を見ることが、二十一節以下と同様、ゲヘナに投げ込まれるほどの罰に値すると述べられています。モラルを考えた場合、確かに情欲は良いことではありません。しかし、何ら行動に移していないのであり、心の欲望だけでゲヘナに送り込まれてしまうのでは、バランスを欠いているという印象は誰もが持つでしょう。それではゲヘナから免れる男性などいなくなってしまう、そのように感じます。

姦淫という律法を心の問題にまで拡大して、その意味を倫理的に高くしてしまっているように見えますが、イエスの言いたいことは心の問題でもモラルの問題でもありません。イエスは正義が行われるべき律法の課題、つまり現実の社会の課題として姦淫の問題を扱っています。譬えなどと同じように、ここでもイエスは誇張法を使っています。

聖書が語る姦淫という考え方についてはすでに述べました。しかし、復習の意味でもう一度短く説明をしておきます。姦淫とは、結婚以外の性的関係を言っていますが、それでは姦淫という考えを十分に理解したことにはなりません。正確には、結婚している女性と関係を持つことです。その結婚している女性と、彼女と関係を持った男性（既婚・未婚は関係なく）とが姦淫という罪の対象となります。しかし、結婚している男性が、結婚していない女性と関係を結んでも姦淫という罪には問われません。姦淫の禁止という律法は性的道徳を守る規定ではないからです。古代イスラエルにおいて、またイエスの時代のユダヤ社会において、結婚している女性（妻）は、男性（夫）の所有物でした。つまり、結婚している女性（妻）と関係を結ぶことは、その所有者である男性（夫）の所有権を侵害するという意味があり、他人の物品を盗むことと同じ理屈になります。そうすることで家庭という社会の秩序を守り、ひいては社会全体の秩序を守ろうとしていました。

古代のイスラエル共同体やユダヤ社会は、女性をモノとして扱っていることになります。現代の考え方からすれば、人間である女性をそのように扱うのは非常に問題です。そう考えるのは私たちだけでなく、イエスも同じでした。夫婦という関係において女性がモノのように扱われるのは神の意志ではないとイエスは主張している、そのように解釈することができます。男性が他の女性を求めることが姦淫となるというのは、女性を自分の欲望の対象や満足としてしか見ない男性たちへの皮肉であり、女性をモノとしか扱うことのできない男性への叱責のことばです。手や目は欲望の手段を意味していますが、それを棄てることはもちろん比喩です。これを現実的な命令と理解して、心に問題があるからといって目や手を切っても、女性をモノとして扱うという本質的な問題の解決には何ら役立ちません。文字通りにイエスのことばに従っても、それだけでは男性のモラルとしての自己満足でしかないのです。モノとして扱われている女性も神によって救われるべき人々であり、もし女性が不当な扱いをされているならば、保護されるべき存在なのです。姦淫の律法から展開したイエスの解釈には、このような意味があると考えておきます。

実際、イエスは女性を一人の人間として見ていたことが聖書テクストには示唆されています。女性たちの苦しみに向き合って、彼女たちの救いを実現しようとします。イエスの弟子たちには女性たちがいたことも聖書テクストは証言しています。女性を尊重されるべき人間として見るというイエスのまなざしは、当時としては特別であったと考える新約学者は多いようです。もしこの意見が正しいとするならば、イエスの特別な女性観はどこから来るのでしょうか。それについて聖書は直接には何も語りません。しかし、律法や社会的な常識によって不当な差別が生み出され、それに苦しんでいる人々がいる状況に対して、イエスが怒りを示していることは事実です。そのような苦しみを強いられている人々に神の救いと祝福があるという福音をイエスは語り、実現しました。そこにはモノ扱いされる女性たちも含まれていました。もちろん女性たちの中にもさまざまな立場や状況の違いがあったでしょうから、女性という考え方で彼女らを一括りにすることは良くないことです。ですが、イエスが姦淫の律法の解釈で示した、貶められている女性への尊重は読み取るべきであると考えます。

3　「妻を離縁する者」（三十一〜三十二節）

姦淫の問題を議論する延長で離婚と再婚の課題が取り上げられています。不倫以外の理由で妻を離婚することは、その女性に姦淫の罪を犯させることになると言われています。また、離婚した女性と結婚することが姦淫と同じに扱われています。離婚や再婚をめぐる課題が姦淫として扱われるのは、姦淫の定義からして不自然に思われます。結婚関係が解消しているのですから、夫の所有権も消滅しているはずですし、現代的な視点からすれば、女性が誰と結婚しようが自由なように感じてしまいます。

離婚と再婚の問題も、女性の保護という観点から読み直すべきであると考えます。このイエスのことばは、姦淫についての律法の解釈に関わることとして記されており、イエスの解釈が女性保護を基礎にしているならば、同じ視点を離婚と再婚の課題にも当てはめるべきであると判断します。ユダヤ社会では男性が離婚する権利を一方的に持ち、女性にはその権利が与えられていなかったとされています。これは父権制度に基づく男性優位の考え方の反映です。もちろん、この男性優位の社会制度は結婚関係以上に、政治・経済・文化にまで広範囲に及んでいました。そのような状況の中では、女性の「社会進出」はできなかったと考えられます。それは、通常の生活として、女性が自立して生きていくことが非常に困難であったことを意味します。劣位に置かれ、自らで生きていくことが認められない女性たちが離婚されれば、それで生きていく手段を失うことになります。離婚は女性にとって、生きるか死ぬかの問題となってしまいます。したがって、不当な離婚は法的な根拠がない、とイエスは言います。男性の一方的な離婚で女性の命や生活を危険にさらせることは受け入れがたい、そのようにイエスは述べているのです。イエスによれば、男性の都合で離婚を宣言してもその結婚は有効であり、夫は離縁した妻を守る義務が存続していきます。ですから、離縁された女性は、姦淫の対象となるとされるのです（離婚そのものが姦淫となるという意味ではない、そのように解釈しておきたいと思います）。つまり、結婚は継続していて、妻は夫から保護されるべき存在であるという意味です。

再婚も、同じ筋道で考えることができます。離婚が成立していないのであれば、その女性と結婚することはできません。その女性と結婚して関係を結べば姦淫にあたるというのはそのような意味です。あくまでも、夫はその妻に対して最後まで責任を負うべきである、という主張に基づいた再婚に関するイエスのことばです。ここに姦淫を持ち出したイエスのことばの趣旨を求めるべきです。姦淫についても離婚・再婚についても、男性の性的モラルの話ではありません。イエスの取り上げた課題はもっと深刻であり、夫婦関係や当時の性差の問題を社会的な視点から取り上げているのです。

現代のジェンダーという観点からすれば、女性が保護対象と考えること自体が問題です。しかし、古代ユダヤ社会では、社会的に極端に低い地位に置かれた人々がいたことを理解しておくべきです。社会から捨てられた人々が神の祝福を獲得し、ともに助け合って生きていく、これがイエスの福音です。当時の多くの女性たちは、この捨てられた人々に属していました。ですから、イエスから見れば、彼女たちの命・身体・尊厳は守られるべきであり、そのような意識づけが男性にはもちろん、女性たちにも必要でした。このような観点で、この律法を解釈するイエスのことばを読むことが求められます。

4 「誓ってはいけません」（三十三〜三十七節）

イエスの律法理解について述べられていますが、ここで言及されている「偽りの誓いの禁止」をイエスが引用した形で語った聖書箇所はないようです。しかし、誓いについて述べられている箇所はいくつか存在しています。レビ記十九章十二節では偽りの誓いが禁じられていますし、申命記二十三章二十二節以下では誓ったことを忠実に行うように命じられています。誓願はどのような場所でも時代でも行われてきました。古代イスラエルでも例外ではありません。そのような習慣に対して、イエスは誓いそのものを禁じるように弟子たちに命じています。なぜイエスは誓うことを否定する考え方を述べているのでしょうか。

誓うなという命令自体は非常に明確であり、何か特別な解釈ができるような聖書テクストではありません。しかし、その勧めの後に記されていることばは、意味を取るのが非常に難しいと言えます。天によって誓うな、そこは神の座る場所です。地によって誓うな、そこは神の足台です。つまり、神に誓うことはそれを果たすことができなければ神との約束を破ったことになります。その危険を避けるために、神の名によらない誓いが必要です。結果、天や地によって誓うことになるのです。しかし、天によってであろうが地によってであろうが、誓ったことには変わりはありません。誓いが生きた神への誓願であるとするならば、天であろうが地であろうが、神を巻き込んでいることと同じです。

エルサレムに誓うな、そこは大いなる王の都です。神の代わりにエルサレムに誓っても、エルサレムは一般の人間の力が及ばない王が住む場所であり、無力を思い知らされるだけです。誓ったことを果たそうと試みても、人間は自分に誓いを果たす力がないことを見せつけられます。では、自分の髪の毛によって誓うことはどうでしょうか。王に対して無力ではあっても、髪の毛であれば自分の力を示し、誓いを果たすことができ、自分の無力を思い知らされることはないように感じられます。しかし、自分の髪の毛を白くも黒くもできない人間は、髪の毛に誓うことで誓いを果たすことのできない自分に絶望するでしょう。

「然り、然り」「否、否」ということばを重ねることで誓いのことばとなっている、とユダヤ人の中のある人々は主張していたようです。イエスはそれを逆手に取り、人間が誓うことの無意味さを述べています。神の前での責任ある態度は、神の価値観に基づいてさまざまなことを判断するだけに収めておくべきことが述べられています。それ以上に、人間がいろいろな事柄を断定しても、身勝手な判断を行うだけです。

そもそも、誓いとは何でしょうか。われわれは誓願を立ててはいけないのでしょうか。あるいは自分たちで物事を判断してはならないのでしょうか。イエスのことばからは、そのような疑問が出てきます。人間が自分の必要を神に訴えることはイエスも受け入れています（主の祈り）。人間が生きるのに必要な食べ物などが与えられることは、神の御心にかなうことです。しかし、気をつけないと、誓いは神との取引になってしまいます。神に対して自分の行動や行為への見返りを要求してしまう危険があります。それは、神からの恵みを自分の功徳に変えてしまうことです。神が一方的に与えるものを、自分の力で達成しようとする試みになってしまいます。私たちには、その人生において努力が求められることは確かです。聖書自身もそれを否定しているとは思えません。逆に、多くのキリスト者が神の恵みの名の下に努力や行いを軽視しているとするならば、それは問題です。聖書は神との関係（信頼）と私たちの行動（この世界で生きること、この世界に働きかけること）とを分離して考えてはいません。神との関係は、この世界で私たちがどのように生きているのか、それと直結しています。逆に言えば、その人の生き方は神との関係（その人がどのように神に信頼しているか）を映し出しています。

ここでの誓いの問題は、神を自分のために利用しようとすることです。イエスが誓いを禁じたのは、誓いという行為にそのような危険を感じ取っていたからでしょう。旧約聖書における偶像禁止の律法は、確かに聖書の神以外の神々を偶像として刻み、それを拝むことの禁令です。しかし同時に、聖書の神は自らが見える形に刻まれ、形作られることを拒否しています。古代イスラエルのエルサレム神殿には神ヤハウェの像はなく、その足台（ケルビム像）だけが置かれていました。神自身が偶像化されてしまうことを否定しているのです。偶像化とは単に神を木や金属で形作り、それを通して神を礼拝することではありません。神を自分の生活とは関係のない神棚に奉り、ひたすらそれを拝み、自分のために神を利用しようとすることも偶像化です。つまり、自分の思い通りの神でなければ、神として認めない態度です。利用する関係、利用される関係には信頼関係など必要ありません。聖書のことばを使えば、信仰などないことになります。誓いにはそのような、神を自らのために利用する手段として、あるいは自分の利益を得るための方策として用いられかねない危険をはらんでいます。私たちは、神あるいはイエスを神棚に祭り上げ、私の幸福のために利用する誘惑を退けなければなりません。神を偶像にし、恵みを与える機械仕掛けの神にしてしまうことは、結局は私たちを自己中心へと引きずり下ろし、私と隣人とを不幸にします。神は私たちが利用する方ではなく、私たちが服従すべき方です。イエスはそこに警告を与えているのです。

5　「復讐してはいけません」（三十八～四十二節）

イエスの律法解釈は、復讐に関する規定と敵を憎むことの規定へと移っていきます。この二つのイエスの解釈はつなげて理解するべきでしょう。実際、ルカ福音書では敵を愛するイエスの勧めの文脈の中で復讐の禁止を記しています。この二つの規定は、イエスのことばでも最も有名な一つであり、後世に影響を与えたことばです。

「目には目を、歯には歯を」は旧約聖書に記されていますが、聖書よりも古いハムラビ法典と呼ばれる外国の法律にも規定されています。古代の中東では常識的な規則であったと考えて良いでしょう。目を潰されたなら相手の目を同じように潰し返す、歯を折られたら相手の歯も折ってやる、そのような規定と思われがちですが、この規定の意味はそこにありません。何か損害を受けた場合、それ以上の復讐をしてはならない、それが本来の趣旨です。受けた損害に対して自由に復讐が認められれば、受けた損害以上の倍返しでは済まない報復をするのが人間のつねです。その報復に対して新たな報復がなされます。結果、報復合戦は尽きないことになってしまいます。それを阻止するための規定です。しかし逆に言えば、そこまでは復讐をしても良いということになりかねません。イエスはここを問題にしています。

そこで復讐に関してイエスは自らの律法解釈を述べます。ここでの復讐の相手は「悪人」です。「悪い人」とは誰でしょうか。イエスが生きたガリラヤという地方あるいはパレスチナ地域では、ローマの軍隊やその支配下にあったユダヤの権力者が一般庶民を苦しめていました。一つは軍隊による暴力であり、もう一つは過酷な税金でした。イエスはこのような状況を捉えて三つの例を挙げて説明していきます。

まず暴力ですが、右の頬を殴られたら、もう一方を出せと言われています。右利きの人に殴られる場合、左の頬を殴られることになります。しかし、ここでは右の頬を最初に殴られているようなので、ここでは手の甲で相手を殴るという行為を指しています。甲で相手をはたくのは、物理的な暴力というだけでなく、相手に対する侮辱の意味もあると考えられてきたようです。暴力自体が相手を否定する行為であるのに、侮辱するというのは人間性を重ねて否定することでもあります。もう一つの暴力は、無理に一ミリオン歩かせることです。これは、ローマ軍が人々を狩り出して強制労働に就かせていたことが背景にあると思われます。軍隊は人々を徴用して、道路や砦や橋などを造らせました。自分の生活を犠牲にして、人々は無理やりに工事現場まで歩かされたのです。次に、税金やお金の問題が述べられています。これは、下着を取ろうとしている者には上着を与えよ、というイエスのことばに表現されています。これは強盗の話ではなく、借金取りが借金を返せない者から合法的に担保（質）を取り立てる様子を描いています。旧約の律法には、上着を借金の質として取り立ててはならないとあるので、ならば下着（実際は部屋着のようなもの）を取り上げるということになるのです。しかし、そうであっても、それでは人々の生活は成り立たなくなります。当時の税金による搾取は、そこまで人々を追いやってしまっていました。物理的な暴力や経済を通じた構造的な暴力を例に挙げて、それを拒絶する命題をイエスは自らのことばで語るのです。

そして、締めくくりとして、お金を貸せる者はそれを断ってはならないことが述べられていま す。旧約の律法には、貧しい人々への支援の規定があちこちに記されています。そのような福祉的な観点からの記述と言えるでしょう。ヨベルの年など、借財をすべて棒引きにしなければならない律法規定もあります。その規定に従えば、貸し手は損をすることになりますから、誰もお金を貸したいとは思わなくなります。それでは貧困者の生活が成り立たなくなるので、法によって強制的に貸し付けが命じられているのです。イエスのことばはその考え方を追認しています。

悪なる者に反抗することが禁じられるどころか、その要求以上のもので応えるようにイエスは命じます。これは私たちの普通の感覚からすればついていける話ではありませんし、もしイエスのことばに従えば、悪を是認してしまうと私たちは考えるでしょう。ある面、それは正しい結論であると言えます。しかし、イエスもそのような結論は解っていたはずです。復讐することを禁じるだけでなく、無抵抗であるように敢えて語ることには別の意味があると考えるべきです。頬を打たれる例も、下着を質として取られる例も、一ミリオン無理に歩かされる例も、すべて虐げられた結果です。ある人々が、見える暴力や見えない暴力で力ない人々を支配しようとしています。それに対して、虐げられている人々は暴力で抵抗することはできません。そのような力は奪われているのです。ここで彼らが不正を訴え、力ある人々にその不正を解らせるのは、彼らの要求以上のものを行うことだけです。それは無抵抗ではなく、力を持つ人々への抵抗です。このような「ボランティア精神」は権力者には気持ち悪く、ときに脅威に映るでしょう。

聖書の価値観は決して無抵抗ではありません。モーセはエジプト王ファラオに逆らい、奴隷を解放しました。旧約の預言者たちは、神ヤハウェに従わない王や権力者に抵抗しました。イエス自身も、虐げられている人々の救いのためにユダヤやローマの権力者に抵抗し衝突したのです。もし神の民が力ある人々に抵抗せずに従順であれば、何も起きなかったでしょう。イエスも殺されずに済んだことになります。しかし、神に従った者たちは、暴力で人々を支配する人間に対して、それが神の意志ではないことを身をもって示し、抵抗したのです。この世界が神への服従を拒む限り、神を信じる者がこの世界に暴力を用いずに抵抗することはありうるのです。確かに、この世界とうまくやっていくことは大切ですし、不必要な衝突は避けるべきです。しかし、特に虐げられている人々がいる場合、抗う必要もあります。それは、聖書が語るように、虐げられている人々を救う神の方法の一つだからです。

ここでのイエスのことばを理解するには困難がともないます。それゆえに、さまざまな解釈が成り立つでしょう。本書での解釈もその一つでしかありません。これからも議論が続いていく聖書テクストであると思います。

6 「敵を愛しなさい」（四十三～四十八節）

最もイエスらしいことばであるとされています。多くのキリスト者が歴史的にこのことばに重きを置いて、イエスに従う大切な基準としてきました。とは言っても、最も理解が難しく、ましてや実行することが困難であることばでもあります。

ユダヤ人たちも隣人を愛するようにということばを非常に重視してきました。神との関係だけでなく、人間関係の中に神の働きがあると信じてきたのです（レビ記十九章）。しかし、その人間関係は隣人（同胞・仲間）に限られていた、そのようにマタイ福音書は語ります。ユダヤ教にも自分たちの枠組みを超えた他者との関わりを積極的に認めようとする立場はあったと想像できます。ただ、ユダヤ教に限らず、どのような社会でも同胞や仲間との関係性が優先されてしまう現実があります。その延長として、味方と敵という関係が生まれてきます。イエスがユダヤ教の伝統として語っている「敵を憎め」という律法規定は聖書には見つからないと思いますが、ユダヤ人だけでなく人間の一般的な感覚でしょう。それは、倫理的にも許容の範囲であると考えられ、多くの人々は議論する必要を感じないと思います。

そのような隣人（同胞、仲間、味方）への関わりを超える考え方をイエスは示そうとします。それは、敵を愛することであり、迫害する者のために祈ることです。愛するとは、感情的に好きになることではなく、大切にし、援助し、尊重し、優先的に関係を作ろうとすることです。敵を大切にせよと言う常識はずれで、できるはずもないことをイエスは命じていますが、イエスはそのモデルを神自身に求めています。神は悪なる者を裁き、滅ぼすというイメージがつきまといます。旧約にもそのような裁きのことばは多く記されています。しかし、イエスによれば、神は悪である者にも善人にも同じような扱いをし、人々が生きていけるように配慮をしていると言うのです。悪なる者は神の意志（マタイ福音書では、神の意志は律法に表れていると理解されていますす）に逆らっているのであり、神から見れば愛するにふさわしくないことになります。しかし、このふさわしさということを超えている神の姿があります。そこに、神の人間に対する関わり方の本質をイエスは見ているのです。

自分を愛してくれる者を愛するとは、自分が注ぐべき愛にふさわしい相手だからです（四十六〜四十七節）。これは取引というよりも、人間として自然な感情です。しかし、その自然さを超えていくところに、神のモデルがあります。私は今あるがままで神が示す歩みができるわけではありません。神のことばの意味を理解し、神を信頼し、神の命令・価値観に歩もうとする決意が必要になります。それがメタノイアであり、悔い改め、回心、変革とか呼ばれるものです。天の父（神）が完全であるようにキリスト者も完全であるべきです、とイエスは言います、この完全ということばは、罪を犯さないなどのような意味ではなく、神が愛の本質を示しているならば、キリスト者もその愛を行う者として歩め、そのような勧告として理解しておきたいと思います。神は常識はずれですが、神がその常識（敵対する者を憎む）にとらわれていれば、誰も救われることはありません。その常識はずれに信頼することの重要性が述べられています。

そもそも「敵」とは誰でしょうか。自分の仲間でない者、自分には属さない者、自分の価値観から外れている者、自分に不利益をもたらす者であり、滅びても良い者、滅びに放置してもかまわないと思える人々のことです。それは個人的な問題だけではありませんし、感情的な問題だけでもありません。例えば、個人的にはまったく知らない特定の外国の人々を敵としてしまうことがあります。人間社会はその円滑な運営のために秩序が必要であり、その秩序のためにさまざまなルール・慣習・価値観が作られます。実際、秩序がなれば、社会はむき出しの暴力に満ちてしまうでしょう。しかし、ときにそのルールが人間関係の壁となり、人間関係を破壊します。性別、年齢、人種、民族、言語、学歴、宗教、地域、経済力、共同体意識などによって社会は秩序立てられているのが現実ですが、それが人間の優劣を生み出してしまうことがあります（お金がないから病院に行けない、またそれを仕方ないと思ってしまうなど）。自分と違う者とは、自分が属するルールや価値観に合わない人々のことであり、それゆえに互い排除してしまうのです（自分とは違うから危険である、邪魔である、劣っている）。実は、キリスト者たちもその信じている内容のゆえに、さまざまな人々から迫害され敵とされてきましたし、現在でも多くの迫害があります。一方、同じキリスト者であっても、互いに敵視し合う歴史もあります。また、キリスト者が敵対者を迫害したことも少なくありません。互いを特定の価値観（偏見）によって見てしまい、そこに生きている人が見えなくなってしまいます。互いを人としない状況に対して抗議をします。自分とは違う考えを持つ人がいても、イエスはそのような人を人としない状況に対して抗議をします。自分とは違う考えを持つ人がいても、そこには生きた人がいます。そこに人がいるからその人を大切にし、尊重し、優先的に関わりを持ちなさい、それが敵を愛することの意味です。滅びて良い人は誰もいませんし、ましてや「私」が滅ぼして良い人など誰もいないのです。それは人間の自然の感情に任せてはできないことです。イエスのことばに信頼し、そのことばがどのように「私」や社会に生きるのかを求めなければならないのです。

「山上の説教」に記された、イエスの律法解釈について見てきました。マタイ福音書は、律法遵守を自らの神学の基盤としています。しかし、それは伝統的なユダヤ教の理解ではありません。イエスの解釈に従って律法を遵守するように読者に勧めています。イエスは、当時の社会的な状況を踏まえて、そこで生きる人々の現実から律法を解釈しています。律法が律法として成り立つこと自体にイエスの関心はありません。むしろ、過酷な現実に追い詰められている人々を生かすために律法を再解釈し、それこそが神の意志であることを主張しています。生きる尊厳を奪われた人々に神の祝福を宣言し、生きる勇気を与え、人々が互いに助け合って生きる、ここにマタイ福音書が示すイエスの律法理解の基本があります。

マタイ福音書はイエスの律法理解について、別のもう一つの視点から記しています。それは終末論です。律法と終末論はまったくかけ離れた次元のことのように考えられます。しかし、マタイ福音書にとって、終末論は律法理解と不可分に結びついています。そこからも、イエスの律法理解が見えてきます。

終末論に見る律法理解

この課題を考えるために、マタイ福音書に記された三つの譬えを取り上げることにします。それは、七章二十四～二十七節（「家を建てた人たちの譬え」）、十三章二十四～三十節（「毒麦の譬え」）、二十五章三十一～四十六節（「羊と山羊の裁きの譬え」）です。聖書の終末論は、時間の終わりの出来事をその本質としているのではなく、神による救済の決定的な出来事と理解しておきたいと思います。マタイ福音書では、終末論は神の裁きと深く結びついています。神の裁きは、悪なる者を罰するというような意味ではなく、人々に対する評価を意味しています。マタイ福音書はその評価の基準に、イエスの解釈に基づく律法理解を置いています。

1　家を建てた人たちの譬え（七章二十四〜二十七節）

「山上の説教」の最後にこの譬えが述べられています。賢い人が岩の上に家を建てました。雨と風が洪水のようにその家を襲いましたが、岩を土台としていたので、その家は建ち続けました。一方、愚かな人が砂地に家を建てました。やはり雨・風・洪水がその家を襲いました。砂の上に家を建てていたので、その家はひどく倒壊してしまいました。以上のような内容です。この譬えをイエスが語ったときの実際の状況は聖書には反映されていませんので、譬えの元来の意味については議論の余地はあるでしょう。現実には、違った場面でいくども同じ譬えを語ったとも考えられます。この譬えだけを取り出せば、人生の教訓話とも解釈はできます。しかし、「山上の説教」という文学的なコンテクストから考えると、この譬えは終末論的な意味が与えられています。二十一節から始まる裁きの記述と直接に関連づけてこの譬えが記されているからです。この終末論的な意義は、ルカ福音書六章四十六〜四十九節の並行記事と比較することでより明瞭になります。ルカ福音書では、「実によって木を知ることができる」というイエスの教えに続く形でこの譬えが述べられています。マタイ福音書では、基本形には同じ流れ（「実によって木を知ることができる」の教えは五章十五節以下に記されています）になっていますが、この教えと「家を建てた人たちの譬え」との間に終末における裁きの記述が挟み込まれています。そうすることで、マタイ福音書は意図的にこの譬えに終末論的な意味を与えようとしています。マタイ福音書にとってこの譬えは、イエスという土台に立つ信仰者が試練に遭遇したときに倒されることがない、そのような意味ではないのです。神の決定的な救済における評価を問題にしています。

裁きの評価基準について、マタイ福音書は文言として示しています。家を建てた二人の人たちに対する説明書きに、その評価基準を見つけることができます。岩の上に家を建てた賢い人は「わたし（イエス）のこれまでのことばを聞いて、それを行う者」とされています。砂の上に家を建てた愚かな人は「わたし（イエス）のこれまでのことばを聞いても、それを行わなかった者」と喩えられています。両者の共通点は、イエスのことばを「聞いた」という点です。イエスのことばを聞いた人々とは誰でしょうか。直前の二十一節以下の譬えでも、イエスによって受け入れられる人々と拒絶される人々とには共通点がありました。イエスを「主よ、主よ」と呼んでいることです。それは、キリスト者全体を指しています。「家を建てた人たちの譬え」でも同じように、イエスのことばを聞いたとされている人々は、すべてのキリスト者を意味しています。つまり、裁き（評価）の対象者がキリスト者であることが解ります。

一方、この譬えの二種類の人々の命運の分かれ目は、イエスのことばを聞いて、それを「実行した」、「実行しなかった」にあります。実行した者はイエスに受け入れられ、実行しなかった者はイエスに拒絶されてしまうのです。キリスト者であること自体では、イエスに受け入れられることを意味していません。ここで注意しておくべきは、イエスのことばを実行する方向性です。イエスの律法観は、同じ「山上の説教」五章十七～二十節に記されていました。律法を遵守することはキリスト者にも求められますが、それはイエスが提示する方向性に沿うことが必要です。この基本的な考え方は、終末論におけるイエスのことばへの服従と実行にも当てはめることができます。イエスのことばを表面的に文字通りに守っても律法主義の道を歩み始めることにしかなりません。イエスに服従することが、何も考えずに無批判にイエスのことば通りに実行することであり、何も疑問を持たないことは良いことであると考えるならば、それはイエスのことばを委ねられた者としては無責任のそしりを免れません。イエスが自らのことばを通して、誰を優先的に守り、どのような神の価値観を実現しようとするのか、これを問い続けなければならないのです。それがイエスのことばを実行することです。

このようなイエスとの関係性は、伝統的なキリスト教の救済観とは相容れないように思われます。一度救われた者は決して滅びることはないと考える「聖徒の堅持」と呼ばれる教理の議論は別にして、イエスを信じることで救済が保証されていると考えられています。「信」によって救済が達成されることでキリスト者は行動・個人生活・社会生活に対する責任は果たさなくて良い、マタイ福音書はそのような誤った理解の危険性を感じていたのでしょう。神と人間との関係は「信」でしかないことは、ユダヤ教もマタイ福音書も受け入れていることです。しかし、その

「信」を勘違いして、他者や社会に対して何の責任を負わないのであれば、それは神の意志を実現するという使命を放棄していることになります。それでは、抑圧された人々は放置されたままです。神と「信」との関係を結ぶことは、それ自体に目的があるのではなく、この世界が神の意志に従って変革していくことを目的にしています。マタイ福音書は、そのような目的を実現するには、律法やイエスのことばを遵守することが不可欠であると考え、その点を強調しているのです。マタイ福音書では、律法を積極的に遵守する姿勢と「信」による神との関係とは決して互いに矛盾することではありません。

2　毒麦の譬え（十三章二十四〜三十節／三十六〜四十三節）

この譬えはマタイ福音書のみに記されています。天の支配が譬えの主題とされています。人々が就寝して気づかない間に、敵方が良い麦に交じって毒麦を蒔いてしまいました。麦が育つ中で毒麦が現れてきたのを見て、しもべたちが主人に相談をします。主人は敵方の仕業であることを見抜きます。毒麦をすぐに抜いてしまうように提案するしもべたちを制して、収穫まで放置するように命じます。それは、良い麦も一緒に抜いてしまうかもしれないからです。そこで主人は、収穫後に麦と毒麦と分けることを提案します。そして、分けられた毒麦は焼かれ、良い麦は倉に納められます。

この譬えも、それが実際に語られた状況について聖書テクストは何も示唆しません。元来は、終末論的な譬えであったかどうかは確定できません。マタイ福音書は、いくつかの譬えのまとめの一つとして「毒麦の譬え」を位置づけています。ただ興味深いのは、直前の譬え（「種を蒔く人の譬え」）と同様に、この譬えに解説が付されていることです。その解説の中に、この譬えに終末論的な意味が与えられていることが述べられています。三十九節に、収穫は「世の終わり」として明記されています。マタイ福音書は読者に対して、この譬えを終末論的に解釈するように求めているのです。

解説部を見ていきますと、①良い麦の種を蒔く人は人の子　②畑はこの世界　③良い麦の種は（天の）支配に属する人々　④毒麦を蒔いた敵方は悪魔　⑤収穫はこの世界の終わり　⑥収穫する者は天使、とそれぞれ説明されています。人の子は裁きの主体者として、収穫時（この世界の終わりの時）に天使たちを派遣して、つまずきとなっている者や不法を行う者たちを天の支配から集めて、燃える炉に投げ入れてしまう、そのように「毒麦の譬え」を解き明かしています。

まず、人の子による裁きの舞台を考えてみましょう。舞台として設定されているのは、この世界です。教会に限定されているわけではありません。同時に、人の子に拒絶される者たちは天の支配から集められていると言われています。裁き（評価）の対象は、天の支配に属する人々であることが解ります。この世界と天の支配が同定されているのです。天の支配を神の価値観が実現している状態と定義しましたが、この譬えでは世界に福音が伝わっていることが前提とされているようです。非ユダヤ人宣教はマタイ福音書にとって重要な神学的ビジョンの一つですから、終末論と宣教のビジョンの完成が重ね合わされているのかもしれません。あるいは、天の支配が形としては成立していない場所（福音が伝わっていない場所）でも、それとは知らずにイエスのことばを実現している者とそうでない者とを各々に評価することが意味されている可能性もあります。裁きの場所の設定という課題は、二十五章の「羊と山羊の裁きの譬え」においても、すべての民族に対する裁きという表現の中で現れます。

いずれにせよ、人の子は天の支配に属する者たちを裁き（評価し）ます。ここでは、人の子が裁き（評価）の主体者になっています。「人の子」は人間を意味することばで、イエスが自らを指す表現としても用いられています。また、ダニエル書では天的存在が「人の子のようなもの」として描かれています。この譬えでは後者に近い意味で使われていると考えられます。人の子は、神から権威を委ねられて裁きを遂行するのです。

この譬えの重要なポイントは、天の支配の中に毒麦である者、つまり人の子によって拒絶されるべき者たちが存在しているのに、それは当初には解らないことです。しかし、時がいたって、天の支配に存在している者の中に、実は敵方に属している者たちが存在している事実が解ってきます。天の支配の価値観に沿って生きている者と、天の支配に物理的に場所を占めていてもその価値観に生きていない者、両者が混在している状況が述べられています。人の子に拒絶される者が誰なのか、おおよその見当はついてはいますが、まだそれは明確ではありません。天の支配に生きていないとみなされている人々の中に、実は天の支配の価値観に生きている人がいるかもしれない、その可能性も残されています。人の子の裁きの時にいたって、誰が神の価値観に生きているのか、誰が偽者なのか、それが顕《あらわ》にされます。

この譬えでは、その評価基準は直接的には書かれていません。人の子が裁きを行う、それが記されているだけです。しかし、人の子に拒絶された者たちが「不法を行う者」として断罪されています。この表現は、「山上の説教」の終盤の裁きの教え（七章二十一〜二十三節）で、「主よ、主よ」と呼びかけた者のうち、イエスの名によって預言、悪霊の追い出し、奇跡を行ってきたと主張した人々に対して行われた評価と同じことばです。「毒麦の譬え」においても、裁きの基準は、律法をイエスの価値観に従って実行したかどうか、ここに求められます。

この譬えの解説の最後には、「耳のある人は聴きなさい」とあります。これは、この譬えをすべての人が聴いているわけではない、あるいは理解しているわけではないことを示唆しています。この姿勢も人の子によって拒絶されます。マタイ福音書は教会の現実を描いています。

3 「羊と山羊の裁きの譬え」（二十五章三十一～四十六節）

最後に「羊と山羊の裁きの譬え」について見ていきます。この聖書テクストは、マタイ福音書二十四章から始まる終末に関するイエスの説教（終末講話）の最後の締めくくりとして記されています。終末講話は、ローマによるエルサレム陥落について語ったマルコ福音書十三章（小黙示録）を基本に、四つの譬えが加えられて成り立っています。四つの譬えのうち、二十四章四十五節以下の「忠実なしもべと悪いしもべの譬え」と二十五章十四節以下の「タラントの譬え」は、ルカ福音書の並行記事となっています。ただし、この二つの譬えはルカ福音書では終末論の文脈には置かれておらず、終末論的な視点から解釈しているのはマタイ福音書の特徴です。二十五章一節以下の「十人のおとめの譬え」と、これから検討していこうとしている三十一節以下の「羊と山羊の裁きの譬え」とは、並行記事がありません。マタイ福音書はマルコ福音書の小黙示録を再解釈して、その内容を拡張しています。それは、これまでの終末論的な譬えと共通した（評価）を強調するためであると考えられます。それは、四つの譬えを見る限り、終末における裁き方向性であり、マタイ福音書の一貫した終末の理解です。

なお余談ですが、二十四章四十～四十一節には、終末時に二人のうちの一人が取られ、一人が残されるという記述があります。どちらがイエスによって受け入れられて、どちらが拒絶されたのでしょうか。第一テサロニケ四章に由来する「教会の携挙」の教理に引きずられて、取られた人が受け入れられ、残された人が拒絶されたという解釈があります。しかし、マタイ福音書の文脈を見ると、終末に関する譬え（「家を建てた人たちの譬え」「毒麦の譬え」）では、残された側が受け入れられた人で、取られた側が拒絶された人になっています。終末講話でも、後者の解釈を採用すべきだと考えます。

「羊と山羊の裁きの譬え」は、以上のような終末論的な文脈の中で語られており、内容もその通りになっています。人の子が来臨するときに、すべての民族が裁かれ、より分けられ、羊を右に、山羊を左に置かれます（羊と山羊のモチーフはダニエル書八章に終末論的に登場しますが、内容としては関係ないようです）。そして王が登場します。この譬えでは、人の子が裁きの主権者ではなく、この王に裁きの主権が与えられています。裁きの対象がすべての民族になっていますが、それは場所の設定としては教会だけでなく、この世界になっていることを意味していいます。この裁きの場所の設定についてはすでに「毒麦の譬え」で議論しましたので、ここでは繰り返しません。

王は右側に分けられた人々（羊）を祝福します。この人々は天の支配を継承することを認められます。その理由として、祝福された人々は、王が飢えているときに食べさせ、渇いているときに飲ませ、寄留者であったときに歓迎し、裸のときに衣類を与え、病気のときに見舞い、囚人となったときに訪問したからだ、と王は言います。しかし、王によって受け入れられた人たちは、そのようなことを王に対してした記憶がないと言います。それに対して王は「わたしの兄弟である、この最も小さい者にしたことはわたしにしたことです」と答えます（「兄弟」ということばについては、最後に考えます）。

今度は、王が左側に分けられた人々（山羊）を拒絶します。その理由は祝福された人々とはまったく反対です。王が飢えているときに食べさせず、渇いているときに飲ませず、寄留者であったときに歓迎せず、裸のときに衣類を与えず、病気のときに見舞わず、囚人となったときに訪問しなかったからだ、と王は言います。面白いことに、拒絶された人々の反応は、受け入れられた人々と同じです。そのようなことを王に対してしなかった記憶がないと言います。それに対して王は「わたしの兄弟である、この最も小さい者にしなかったことはわたしにしなかったことです」と答えます。

裁き（評価）の対象になっている二種類の人々はともに、王に対する自らの姿勢について意識していません。王がもたらす裁きの基準について知らなかったからです。裁きの基準への無知は、「山上の説教」七章二十一節以下の「裁きの教え」の中で、イエスに拒絶された人々がイエスの基準について知らなかったことに共通しています。神によって自らが裁かれることを人間は知っていても、その基準については知らず、自分勝手にその基準を誤解しているのです。神との直接的な関係（宗教的な敬虔さなど）が裁きの基準であると人間は考えがちですが、マタイ福音書によれば、他者との関係性の中に神の裁きの基準が示されているのです。この無知と誤解が思わぬ結果を生み、裁かれる者すべて（受け入れられる者も、拒絶される者も）が驚きをもってその結果に直面しなければならないことが語られています。

他の三つの譬えとは違い、「羊と山羊の裁きの譬え」においてのみ、裁き（評価）の基準が明確に記されています。それは、最も小さい者に対して支援をしたかどうか、です。最も小さい者とは、王のことばから考えると、社会的に弱くされた人々と解釈して間違いはないでしょう。社会の中で何らかの困難を抱え、それに苦しみ、個人や社会からの援助を必要としている人々です。社会的な困難を経験している者に対して支援を実行している人々がイエスによって受け入れられ、実行しない人々が拒絶されるのです。イエスが示すあるべき社会の関係性は、「山上の説教」に示された律法の遵守とつながっています。マタイ福音書が語る律法遵守は、イエスが示す価値観に基づくことでした。それは、苦難と抑圧の経験から人々を解放する律法の読み方であり、その人々が共に生きていくことができるための律法解釈であり、その解釈に基づく律法の実行でした。「羊と山羊の裁きの譬え」の裁きの基準は、そのような律法理解の言い換えとすることができます。社会的な苦難を経験している人々が優先的に支援されるべきこと、ここにマタイ福音書の律法理解があります。この譬えでは、終末論的な視点から律法遵守の基準を記しているのです。
終末論的な裁きの基準は、読者に対して恐れを抱かせるかもしれません。多くの読者は、自らをその裁きの基準に達している者とは考えないからです。しかし、裁きの基準をよく読んでいくと、その基準は主の弟子が行うべきことを示していることが解ります。裁きの基準を示すことで、主の弟子に対して、何がイエスの価値観なのかを明確にします。そして、その価値観を自らの生き方の基盤とすることを主の弟子たちに促しています。どのような考え方で生きているのか、その考え方に基づいてどのように他者に関わるのか、そこが問われていくのです。

最後に、この譬えにおける「兄弟」について考えてみましょう。支援の対象者を「兄弟」と呼んでいます(「姉妹」が入らないのは、古代の父権性社会の反映です)。新約テクストの写本のほとんどは「兄弟」を含んでいます。しかし、極めて少数ながら、この「兄弟」が欠けている写本があり、そちらを採用している日本語訳もあります。この「兄弟」が問題になるのは、支援対象が教会内に限られていると解釈されるからです。マタイ福音書にとっては、「兄弟」は自らが属するマタイ共同体の人々になるでしょう。身内の教会共同体だけで考えるのであれば、この譬えの趣旨全体からは矛盾するように感じられます。既成の教会の枠組みを超えた「兄弟」解釈の可能性として、この譬えの舞台は、福音がすべての地域に伝わり、非ユダヤ人宣教が全世界に完成している状況が考えられており、すべての人々が兄弟とされる状態が想定されていることが考えられます。あるいは、教会の中で目の前に現実にいる「最も小さい」者を支援できなければ意味がない、と理解することができます。つまり、そのような人々を具体的に支援しないのであれば、支援を必要としている広いこの世界の人々に対して実際には何もできない、そのような考え方を見ることができます。支援の勧めを普遍化して描くことで、それを抽象化・精神化してしまう危険をマタイ福音書は感じていたと解釈できます。その他、キリスト者であろうがなかろうが、イエスは苦しむ人々を「兄弟」として受け入れていると解釈することも可能です。いずれにせよ、「兄弟」ということばで、支援の対象を教会の人々に限定してしまわなくても良いと考えられます。

まとめ

マタイ福音書の「山上の説教」を始点として、新約聖書を読むキリスト者としての律法理解について考えてみました。新約聖書を正典とするキリスト者が、どのように旧約律法を扱えば良いのか、その答えの一つとして「山上の説教」があります。しかし、その「山上の説教」自体が新たな〝律法〟になってしまうような思いを持つ読者がいるかもしれません。しかも、その〝律法〟としての性格がより厳しくなっているようにも映ります。イエスが「山上の説教」で語っているのは規範についてですから、キリスト者にある種の束縛を求めていることも事実です。それゆえに「山上の説教」がキリスト者の自由を奪っているとの勘違いも起こります。しかし、本論で論じてきたように、「山上の説教」やマタイ福音書の終末論は、律法主義を生み出すためのものではありません。むしろ、神に仕え、他者に仕えるために、旧約律法を再解釈しています。束縛があるとするならば、他者を生かすための束縛です。他者を大切にするための相互の責任性の問題です。ヨハネ福音書はその相互的な責任性を「アガペー」として表現しました。シナイ契約の支配下にある旧約律法そのものにも、このような性格を認めることができます。そのような他者を生かすという（キリスト者を含めた）神の民に期待された役割の観点から、「山上の説教」は旧約律法の再解釈の作業を行っている、そのように理解する必要があります。

終章　十戒の再考――まとめに代えて

どのようなテクストも、そこから意味を取り出さなければ読んだことにはなりません。しかし、その意味の取り方にはバリエーションがあって、そのテクストに対する考え方がその意味の取り出しに重大な影響を与えています。聖書も例外ではありません。下手をすると、聖書を読者が読みたいように読んでしまう、そしてそこから取り出された意味が絶対化されてしまうことがあります。十戒についてはどうでしょうか。意味の取り出しにはいろいろあっても、神が与えた倫理としての読み方が最も一般的だと思います。その一般化がそれ以外の読み方の可能性を締め出してしまっていることはないでしょうか。問題は、そのような一般化された読み方自体ではありません。どのような読み方も自らの正当性を主張する、ある種の〝権利〟を持っています。その読み方が受け入れられるかどうか、あるいは他者から見てその読み方に合理性が認められるかどうか、そのような議論は別にしても、各々の読み方自体が存在することは否定できません。ましてや、その読み方が多くの人々に受け入れられて一般化している場合、それを軽視することはできない相談です。問題は、自らのテクストに対する評価や解釈の方法を意識しないことです。無批判に自らのテクストへの評価や解釈方法を見ていることであり、他の可能性があることを想像さえできないことです。組織神学やキリスト教倫理の視点から見れば、十戒をキリスト教会にとって重大な神学的・倫理的規定であると理解し、そこから議論することは間違いではないでしょう。しかし、もしこのような視点が絶対的であり、十戒に対する他の見方を見逃しているならば、そこには問題があります。聖書テクストの解釈という視点からすれば、十戒がシナイ契約に由来している規定として描かれている事実を無視することはできません。それは、十戒の理解にはシナイ契約の理解が不可欠であることを意味しています。本書では、この点を意識して、倫理という視点とは違った角度から十戒について考えてみました。

十戒を新約の福音と対立させる考え方もあります。少なくとも、両者を同じレベルでは見ないという見方です。もちろん、十戒を代表とする旧約律法とイエスの福音とは同じではありません。律法は古代イスラエル共同体に与えられた神学的・社会的な規範です。イエスの福音は、一世紀の東地中海に現れた、ユダヤ教から派生した社会運動に基づく良い知らせです。律法と福音を歴史的にも神学的にも何ら批判せず、まったく同じに見ることはできません。しかし、本書では両者が共有しうるポイントを探り出し、そこから十戒を解釈してみました。それは、神の支配の実現という観点です。旧約レベルにおける律法のオリジナルの役割は、シナイ契約の具体的な実現の方向性や方策を示すことです。イスラエル共同体が神ヤハウェの民となり、神の支配に参与し、その実現を図ることがシナイ契約の目的でした。イスラエル共同体の罪を暴き立てることに律法の役割があるわけではありませんし、共同体に属する人々に罪の自覚を促すことにその使命があるわけでもありません。旧約テクストの読者は、律法が神の支配の実現を法的（社会の規範という側面）に支えていることに注目すべきです。この注目点によって、イスラエル共同体が神ヤハウェの支配に生きていくための福祉的な視点から十戒を解釈することが可能となります。福祉とは、その社会に生きるための最低限を保証することだからです。イエスが神の支配という表現で語った福音について、旧約テクストのそのような視点から見ることができます。それは、逆に、旧約律法の解釈にイエスの神の支配との共通性を見出すことが許されることを意味しています。旧約律法とイエスが語った神の支配の福音とは、積極的な意味で互いに関連づけることができるのです。

イスラエル共同体が生きていくために、またそこに属する人々が生活していくために十戒・律法は与えられた、このような視点から解釈を試みてみました。それが神ヤハウェによる支配の基本的な価値観であり、シナイ契約はそれを目指していると考えているからです。十戒の前半部は、神ヤハウェとイスラエル共同体の関連性を規定することで、神ヤハウェがもたらす価値観を設定していると解釈できます。そこには排他性の課題がつきまといますが、それは神ヤハウェの価値観以外の考え方をイスラエル共同体が導入しないことを意味しています。中盤から後半部は、具体的な例を挙げながら、神ヤハウェが律法を通して守ろうとしている人々や社会的利益に言及していきます。十戒が守ろうとしている内容は、その解釈にとって非常に重要であると言えます。十戒にはそれが定められた具体的な社会的な背景があり、それを無視することはできません。現代においてその背景を完全に理解することは困難であっても、その理解の試みは必要です。同時に、その時代性は十戒を絶対的な倫理として解釈することを拒絶します。十戒の歴史的制約は、その定められた目的を顕わにしますが、その歴史的・神学的な相対性をも明らかにします。

以上の流れの中で、古代の十戒と現代の読者との関係を直接的に認めることを本書では避けました。十戒をはじめとする旧約律法の文言そのものを現代に直接に適用しても無理が多いからです。その無理は、律法主義という形で聖書解釈を歪めてしまう可能性がありますし、現代のキリスト教会のあり方や宣教にも時代錯誤的な影響を与えてしまいかねません。時代的なギャップを無視して律法を適用させても、結局はその律法が定められた理由や、その律法が守ろうとしている人々と社会的利益を無視してしまう傾向に陥りやすいからです。むしろ、十戒を支える考え方を理解し、それを読者が生きる社会の価値観と対話させる方法を提案したいと思います。聖書テクストと現代とを結びつけるのに、実際にはこのような手法が採用されています。確かに、表面上、そのような方策を前向きに評価する姿勢は少ないようです。聖書の文言のみから考えるという建前が優先されています。しかし、十戒をはじめとする律法は、現代社会とはまったく違った社会に与えられました。そのギャップについての認識をもっと積極的に評価すべきであると思います。

福祉的な視点で人を生かす律法ですが、もう一つの役割として、社会秩序の維持そのものがあります。福祉においても社会秩序は大切ですが、その秩序の維持そのものが律法の使命として期待されています。しかし、この役割がイスラエル共同体のアイデンティティの課題と結びついたときに、異質な他者を一方的に排除する規定へと変質する危険があります。排除の論理をもって理想的な社会秩序が維持される、そのように考えられるようになります。実際に聖書テクストは、旧新約いずれにおいても、その変質を描いています。その変質を前向きに理解する聖書テクストも存在しており、その解釈は難しいと言えるでしょう。しかし、聖書テクストが著された時代には、その異質の排除を記すテクストには何らかの意味があったこと、そこにはそのテクストを編んだ特定の価値観があったことを認める必要はあります。その上で、その価値観を知り、他の聖書テクストや現代の価値観と対話させることが求められます。

キリスト者として律法を読むときに、新約テクストの律法観を知ることは重要です。イエスの福音と律法とを同じ方向から解釈する可能性について述べましたが、新約テクストがどのように具体的に律法を解釈しているのか、それを理解していくこともキリスト者としては大切です。その課題を本書では、「山上の説教」を中心にマタイ福音書から考えてみました。マタイ福音書は律法の遵守を福音理解における重要なポイントとして位置づけます。この位置づけには二つの意味がありました。一つは、ユダヤ教の伝統とされている律法解釈に基づくのではなく、イエスの律法解釈の視点から律法を遵守するように主の弟子たちに求めていることです。もう一つは、律法の遵守をユダヤ人キリスト者だけでなく、非ユダヤ人キリスト者も含めた主の弟子たちに要求していることです。それは行為による義認ではなく、イエスの信によってもたらされた義（正義）に対するキリスト者の応答としての生き方の問題です。

マタイ福音書は、自らがユダヤ教の伝統として描く律法解釈を認めつつ、それに新たな解釈を命題として加えます。イエスによる律法に対するこの命題は、新たなハイ・レベルな律法の倫理化として理解されてしまうことがあります。しかし、律法を再解釈することで、その律法の趣旨をより明確にし、イエスは自らの弟子である者の生き方の方向性を示しているのです。それは、表面的にイエスのことばを遵守することではなく、それを支える価値観を解釈し、読者の各々のコンテクスト（状況）の中でその価値観を意義あるものにする生き方です。マタイ福音書から見れば、そのようなイエスの律法の再解釈は旧約律法の真の「回復」ということになるでしょう。

マタイ福音書は別の仕掛けで律法の意味を語ります。それは終末論です。終末における裁き（評価）の基準の課題をイエスによる律法の再解釈と結びつけました。そのことによって、律法の中核となる視点が、「山上の説教」とは違った角度から明らかにさました。「最も小さい者」にすべきこと、ここにマタイ福音書の律法理解を見ることができます。

十戒をめぐって、契約、律法、律法の再解釈、それぞれについて検討してきました。その具体的な内容は十戒や律法に対する多くの解釈の可能性の一つです。本書が旧約律法について考えてみるきっかけになれば幸いです。

あとがき

　本書は十戒や旧約律法について扱っていますが、著者としては自らのメノナイト派としての立場をつねに意識しながら書き進めていました。もちろん、私の解釈がメノナイト派の考え方を代表しているわけではありません。しかし、少なくとも、自分の中ではメノナイトとしての意識があったことは事実です。メノナイト派の中核的な福音理解は、イエスの弟子であろうとすることです。イエスに信頼する生き方はその弟子であることを意味している、そのように考えられています。イエスの弟子であることは、イエスを通して神を宗教的に礼拝するだけでなく、日常の個人的な生活や社会的な生活の中でイエスが示した価値観を実現することです。その実現には、実際に行ってみようという決意が含まれています。そのような意味で、「山上の説教」はメノナイト派のキリスト者にとっては、イエスのことばの実践そのものを命じている説教であり、重要であり続けました。

　一方、メノナイト派にとって旧約聖書は距離がありました。イエスを中心に聖書を解釈するという視点がその理由の一つでしょう。また、旧約聖書の平和観・戦争観がメノナイト派の平和主義（非暴力抵抗主義と私は呼んでいますが）とは調和しないと理解されることもあります。しかし、旧約聖書もキリスト教会の正典です。イエスが示している「神の支配」理解の視点から旧約テクストを見ていくと、両者が共鳴するポイントを発見することができます。そのポイントから旧約聖書を解釈する方策はあると考えています。私にとっては、本書はその試みの一つです。

メノナイト派であることは私の立場であり、もちろん読者にその立場を強要するものではありません。私の神学的な意識を記したのは、読者が本書を理解するための助けとするためであり、その目的のためだけです。読者の方々には、メノナイト派について解っていなくても、本書の内容は理解していただけるでしょう。

最後に妻、昌枝に感謝を述べたいと思います。

二〇二一年三月一日

南野　浩則

十 戒
シナイ契約・律法と 山上の説教

2021年5月1日　発行

著　者　南野浩則

印刷製本　日本ハイコム印刷株式会社

発　行　いのちのことば社

〒164-0001 東京都中野区中野2-1-5
電話 03-5341-6922（編集）
03-5341-6920（営業）
FAX03-5341-6921
e-mail:support@wlpm.or.jp
http://www.wlpm.or.jp/

ISBN 978-4-264-04261-7